本书出版得到

国家重点文物保护专项补助经费资助

广汉二龙岗

四川省文物考古研究院
广汉市文物保护管理所 编著

文物出版社

封面设计：周小玮
责任印制：陈　杰
责任编辑：陈　峰

图书在版编目（CIP）数据

广汉二龙岗／四川省文物考古研究院，广汉市
文物保护管理所编著 . —北京：文物出版社，2014. 12
ISBN 978 – 7 – 5010 – 4116 – 9

I. ①广… Ⅱ. ①四… ②广… Ⅲ. ①墓葬（考古）–
广汉市 – 秦汉时代 Ⅳ. ①K878. 8

中国版本图书馆 CIP 数据核字（2014）第 242563 号

广汉二龙岗

四川省文物考古研究院
广汉市文物保护管理所　编著

*

文 物 出 版 社 出 版 发 行

（北京市东直门内北小街 2 号楼　邮政编码 100007）

http://www.wenwu.com

E-mail：web@wenwu.com

北京鹏润伟业印刷有限公司印刷

新 华 书 店 经 销

889 × 1194　1/16　印张：18.5

2014 年 12 月第 1 版　2014 年 12 月第 1 次印刷

ISBN 978 – 7 – 5010 – 4116 – 9　定价：300.00 元

目　　录

插图目录

图版目录

第一章　地理环境与历史沿革

第一节　地理环境

　　广汉市位于四川省成都平原东北部，龙泉山西麓，地跨东经104°6′43″至104°29′45″和北纬30°53′41″至31°8′38″，全境东西长36.2公里，南北宽27公里，总面积538.28平方公里，其中平坝占

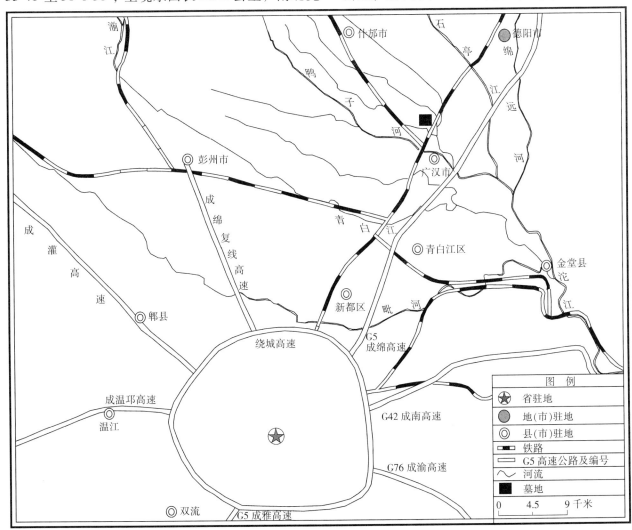

图一　广汉市位置示意图

注：根据2008年1月第12版成都地图出版社编著《四川省地图册》绘制

92.3%。东接中江，东北与德阳市中区为邻，南连金堂和青白江区，西界彭州市，西南毗邻新都，西北依什邡。市治雒城镇，位于中部偏南处。由市治西南经新都至成都41公里，北距德阳市中区31公里（图一）。

广汉跨处成都新生代断陷盆地和合兴场半环状构造的一部分，平原区属成都断陷盆地之东侧，丘陵区属合兴场半环状构造之西半部分。境内有三个次一级的构造发育。螃蟹店背斜，分布在平原与丘陵过渡地带；东峰寺向斜，为螃蟹店背斜伴生之褶曲构造，位于背斜东侧；月亮弯倾伏背斜，分布于松林乡与金堂县交界地带。

分布于境内的地层为基岩和第四系松散堆积层两大类。基岩主要分布于东部丘陵区，为白垩系夹关组，平原仅在连山周家梁子三级阶地下部有出露。广泛分布于平原区的是具有不同成因的第四系地层，最上层为全新统冲洪积层，组成冲洪积扇、河流阶地和漫滩。冲洪积扇分布于县城西北，上部为棕红色黏质砂土，厚0.5～2米，下部为黄灰色砂粒卵石夹均匀砂层。

境内地貌受地质构造影响和控制，以平坝为主，兼有丘陵。大约以绵远河东岸高台地为界，其东一角随龙泉山褶皱隆起成为丘陵，其西广大地区随成都断陷下陷成为平坝。

境内松林、双泉两乡为丘陵低山地段，地势东高西低；平坝地势西北高，东南低，区内青白江、濛阳河、鸭子河、白鱼河、石亭江、绵远河等6条河流由西北流入境内，形成六河六埝、槽埝相间、平坝沿河流走向分布的地形。

市境属中亚热带潮湿气候区，气候温和，其干燥明显，四季分明，大陆性季风气候显著。春季冷空气活动频繁，降水较少；夏季较热，暴雨多；秋季气温下降快，常有绵阴雨；冬季干燥，温暖多雾。年平均气温16.3摄氏度，平均降水量890.8毫米，平均日照时数1229.2小时，平均无霜期281天，洪、涝、旱、雹等灾害时有发生。

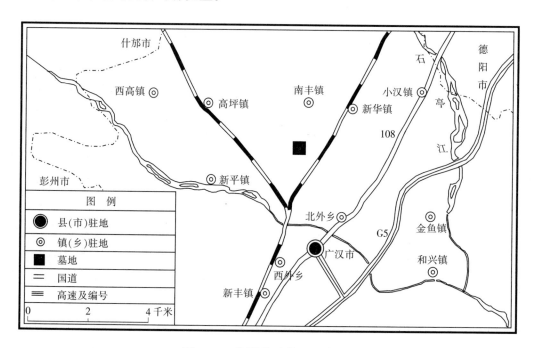

图二　二龙岗墓地位置示意图

注：根据2008年1月第12版成都地图出版社编著《四川省地图册》绘制

　　土壤分基岩风化物和松散堆积物两类。前者丘陵，后者平原。

　　岷江水系灰色冲积物，分布于青白江两岸，多云母碎片和粉粒，为灰色冲积水稻土的成土母质。

　　沱江水系灰棕冲积物，分布于绵远河、石亭江、鸭子河等沿岸，以粉、砂粒为主，是灰棕冲积水稻土的成土母质。

　　二龙岗，位于广汉市北约 4.6 公里鸭子河的左岸，介于庆元、龙岗、阳关、朱家云村之间，辖于北外乡龙岗村。中心地理坐标东经 104°16′25.3″，北纬 31°01′4.02″，海拔 477.3 米（图二，图版一）。

第二节　历史沿革

　　据文献记载[①]，汉州，《禹贡》梁州之域，古蜀国地，商周因之，秦惠王九年伐蜀，置蜀郡，汉高帝六年分蜀地置广汉郡于乘乡，领县十三，广汉名始此。

　　西汉武帝元封五年（前 106 年）置十三州刺史，此为益州，刺史治雒。

　　新莽时期（9~23 年），改益州为庸部，部牧驻雒县。又改广汉郡为就都，改雒县为吾雒。公孙述据蜀时期（25~36 年），改广汉郡为子同郡，雒县为其属县之一。

　　东汉光武帝建武十二年（38 年），公孙述败亡，复置益州和广汉郡，雒县为广汉郡属县，益州刺史仍治雒。安帝元初末，广汉郡由涪（今绵阳）移治雒县。灵帝中平五年（188 年），刘焉为益州牧，州治徙绵竹，献帝兴平初徙居成都，但雒县仍为广汉郡治，并延续至曹魏时期。

　　三国时期，魏元帝景元四年（263 年），魏灭蜀，分益州为梁州。广汉郡改属梁州，雒县仍为郡治。

　　西晋泰始二年（266 年），改广汉郡为新都郡，咸宁三年（277 年），改新都郡为新都国，太康四年（283 年）国除，复置为新都郡，太康六年（285 年），析新都郡复置广汉郡，均治雒县。新都郡和广汉郡都隶属梁州。太安二年（303 年），李雄据蜀建大成国，并新都郡入广汉郡，雒县仍属广汉郡。

　　东晋时期（317~420 年），广汉郡仍属梁州，雒县为郡治。

　　南北朝时期（420~479 年），广汉郡改属益州，郡治雒县。明帝泰始五年（469 年），在雒县境内侨置西遂宁郡，郡治在今广汉市新华镇境内。南齐至萧梁承圣元年上述建置沿袭未变。萧梁承圣二年（553 年），西魏占领蜀地，广汉郡改属东益州，雒县仍为郡治，西遂宁郡继续侨置。宇文觉灭西魏建立北周（557 年），广汉郡初改属新州，后复属益州；废西遂宁郡为怀中县，雒县记为广汉郡治。同时，方亭县（今什邡市）与雒县合并，仍称雒县。

　　隋文帝开皇元年（581 年），废益州和广汉郡，改置蜀郡，雒县为其辖县，开皇二年（582

---

　　① 《历代汉州志》，广汉县人民政府 1998 年；《广汉县志》，四川人民出版社，1992 年。

年），废蜀郡复置益州，开皇十八年（598 年），改雒县为绵竹县，原绵竹县更名孝水县。仁寿三年（603 年），于玄武县（今中江县）置凯州，绵竹县（原雒县）为其属县。炀帝大业二年（606 年）又改益州为蜀郡，废凯州。次年，雒县恢复原名，还属蜀郡，撤销怀中县。

唐高祖武德元年（618 年），改蜀郡为益州。次年，分雒县置什邡县。武德三年（620 年），析雒县置德阳县。武则天垂拱二年（686 年），于雒县置汉州，领雒、绵竹、德阳、什邡、金堂等 5 县，以雒为州治。玄宗天宝元年（742 年），改汉州为德阳郡。肃宗乾元元年（758 年），复改德阳郡为汉州。唐朝时期的汉州，隶属剑南道西川节度使。

五代十国时期（907～960 年），前蜀、后唐、后蜀建置仍如唐制。

北宋太祖乾德三年（965 年），灭后蜀，置汉州德阳郡，领雒、什邡、德阳、绵竹 4 县，隶属西川路，雒县为郡治。仁宗嘉祐四年（1059 年），改西川路为成都府路。南宋时，汉州德阳郡仍置，领县与北宋时相同。

元世祖中统元年（1260 年），复置汉州，领什邡、德阳、绵竹 3 县，撤销雒县建制，由汉州直辖原雒县地区，以原雒县为州治。中统三年（1262 年），建陕西四川行中书省，汉州属之。至正二十二年（1362 年），明玉珍在蜀称帝，建立大夏国，复置雒县。

明太祖洪武四年（1371 年），灭大夏国。同年，省雒县入汉州，仍领三县。明末，张献忠在四川建立大西政权，建置沿旧。

清初，仍如明制。康熙二十六年（1687 年），降汉州为散州（单州），不再辖县，隶属成都府，沿袭至民国元年

民国二年（1913 年），废府、厅，州建制，改汉州为广汉县（缘广汉郡而名），属川西道（次年改为西川道）。民国七年（1918 年）起，广汉县由驻军掌管政权，时称"防区制"。民国十八年（1929 年），废除道一级建置，县由省直辖。民国二十四年（1935 年），取消防区制，广汉县隶属四川省第十三行政督察区（治绵阳）。

新中国成立后，1950 年初，四川省分为川东、川南、川西、川北四个行署区，广汉县隶属川西行署区绵阳专区。1952 年 9 月，撤销各行署区，合并为四川省。1953 年 7 月，广汉县改属温江专区。1960 年 4 月 29 日，什邡、广汉合县，仍名广汉县。1963 年 1 月 1 日，广汉、什邡分县，1983 年 8 月 18 日，德阳市建立，广汉县划属德阳市。1988 年 2 月 24 日，经国务院批准，撤销广汉县，建立广汉市（县级），为四川省辖县级市，委托德阳市代管。

第三节　考古工作概况

广汉市的考古工作，自 1929 年春农民燕道诚在三星堆月亮湾燕家院子挖水沟发现玉石坑以来，很长时间内都是围绕三星堆遗址的调查和发掘来进行的，主要有：

1934 年春，由华西大学林铭均、D. C. Grahan 等人组成的考古队在燕家院子旁进行了首次发掘[1]，发掘工作历时 2 月，出土陶器、石器、玉器及磨石等文物 600 余件。1951 年，四川省博物馆杨有润、张盛装对月亮湾一带进行了考古调查。1953 年，冯汉骥等人对遗址进行了再次调查。1956 年，王家佑、江甸潮对遗址进行了较大范围的调查[2]。1958 年 6 月，四川大学历史系考古教研组对遗址进行了调查[3]。1963 年春，四川大学考古专业师生对燕家院子进行了发掘[4]。1980～1981 年，四川省文物管理委员会、四川省博物馆、广汉县文化馆对三星堆遗址进行了较大规模的发掘[5]。1986 年，一、二号祭祀坑发掘[6]。1997 年，仁胜砖厂墓地发掘[7]等。

第四节　发掘经过

1995 年宝成铁路复线建设在广汉市北外乡龙岗村 6 社二龙岗征地 20 亩，取土筑路基。据广汉市文物管理所主持工作副所长敖兴全介绍：

7 月 1 日施工现场挖出墓葬（编号 M01）出土文物，即被围观农民哄抢，7 月 2 日文管所了解情况，7 月 3 日到施工现场处理。经文管所、乡、村、派出所多方合作，追缴、收回 30 余件文物。

7 月 9 日，施工现场又破坏墓葬一座（编号 M1），残剩长度不到 2 米，宽 3.6 米，经清理，出土部分文物。在向北扩方时，发现又有一座上坑墓（编号 M2），长约 8、宽约 6 米，广汉市文管所立即进行抢救性清理。

7 月 25 日，四川省文物考古研究所得到报告后，委派孙智彬、雷雨等前往调查、处理。

经现场调查，二龙岗为一长约 1000 米，宽约 300 米，高出周围平地约 1.5 米的台地。台地南端为龙头，北为龙尾。铁路征地范围位于台地中南部，已取土 7～8 亩，残剩部分东西长 100 米，南北宽 80 米。结合施工出土文物情况分析，该处为一大型墓群，分布范围即为台地部分，取土范围为墓群中心区域。

经与宝成复线建设指挥部及施工单位反复协调，抢救性发掘工作于 1995 年 8 月 2 日开始，至 12 月底结束。据开展抢救性发掘工作先后及台地上东北、西南向机耕道将发掘区分为南、北两区，共开东西向 1×20 米探沟 37 条、1×10 米探沟 1 条，近南北向 1×20 米、1×15 米和南北向 1×15 探沟各 1 条，加上发现墓葬后扩方，发掘控制范围 8000 平方米，发掘面积约 2000 平方米，发掘墓葬 47 座（图三，图版二、图版三）。参加发掘工作人员有：孙智彬、辛中华（四川省文物考古研究

---

[1]　D. C. Grahan《汉州初步发掘报告》，《华西边疆研究学会杂志》1935 年第 6 卷。

[2]　王家佑、江甸潮：《四川新繁、广汉古遗址调查记》，《考古通讯》1958 年 8 期。

[3]　四川大学历史系考古学教研室：《广汉中兴公社古遗址调查简报》，《文物》1961 年 11 期。

[4]　马继贤：《广汉月亮湾遗址发掘追记》，《西南民族考古》1992 年 5 期。

[5]　四川省文物管理委员会、四川省博物馆、广汉县文化馆：《广汉三星堆遗址》，《考古学报》1987 年 2 期。

[6]　四川省文物管理委员会、四川省文物考古研究所、广汉县文化教育局：《广汉三星堆遗址一号祭祀坑发掘简报》，《文物》1987 年 10 期；四川省文物管理委员会、四川省文物考古研究所、广汉市文化局、文管所：《广汉三星堆遗址二号祭祀坑发掘简报》，《文物》1989 年 5 期。

[7]　四川省文物考古研究所三星堆遗址工作站：《四川广汉市三星堆遗址仁胜村土坑墓》，《考古》2004 年 10 期。

所），敖天照、江中伟、邱登成、徐伟、龚兆乾、肖玉、黄帮军、罗文灿（广汉市文物管理所），宋健民（江油市文物管理所），及康生（石棉县文物管理所）。

图三　二龙岗墓地探沟分布示意图

发掘工作结束后，参加发掘人员对发掘所获资料进行了初步整理。1996 年 1 月至 1997 年 10 月开展了出土文物修复和绘图工作，后因接手其他考古发掘项目，特别是 1997 年后参加三峡文物保护项目忠县中坝遗址的发掘，此项工作被迫停止。2012 年 6 月重新启动二龙岗墓地的室内资料整理和报告编写工作，至 10 月底完成。参加室内资料整理工作的人员有：孙智彬、代兵、王静、吴长源、曾令玲（四川省文物考古研究院），廖华、徐伟（广汉市文物管理所），龚兆乾（三星堆博物馆）。

发掘报告于 12 月底完成初稿，2013 年 6 月定稿。

第二章 墓葬概述

第一节 地层堆积与墓地分布

广汉市广泛分布于平原区的是具有不同成因的第四系地层，最上层为全新统冲洪积层，组成冲洪积扇、河流阶地和漫滩。冲洪积扇分布于县城西北，下部为黄灰色砂粒卵石夹均匀砂层，上部为棕红色黏质沙土，厚0.5～2米。

二龙岗墓地的地层堆积比较简单，除断坎外基本上呈水平堆积。总体而言，南区地层厚、北区地层较薄。

南区最上一层为农耕土，灰黑色，厚约10～20厘米。第二层距地表10～20、厚30～70厘米，灰褐色，质较松软，略含沙，包含物多青花瓷片夹杂汉代陶片。第三层距地表40～100、厚10～100厘米，黑色，黏性重、质紧密，包含物有汉代陶片、零星木炭屑及少量朱砂。第四层距地表50～140、厚30～70厘米，灰黑五花土，黏性重，夹杂黄黑色黏土，质紧密，夹汉代陶片出土。第五层距地表140～200、厚0～30厘米，沙土，质疏松，黄黑色，夹杂少量炭屑，仅分布于少量探沟局部。

北区最上一层也为农耕土，灰黑色，厚15～20厘米。第二层距地表深15～20、厚10～40厘米，灰褐土，质板结。第三层距地表深40～120、厚20～55厘米，灰黑土，质紧密，出土汉代陶片。第四层距地表深5～120、厚10～40厘米，黄泥沙土，质松，夹零星木炭。

已发掘的47座墓葬中，开口2层下的最多，共20座，次为开口1层下，计13座，再次为开口3层下，计8座，开口4、5层下的墓最少，共6座。除打破关系外，开2、3、4、5层下的墓葬，都打破生土；开口1层下的墓，除少数打破生土外，大多打破下面的地层。

南区墓葬相对密集，共36座，北区墓葬相对较少，共11座。墓葬排列比较整齐，发现的打破关系很少，仅三组，即M19→M27；M35→M38→M37；M45→M44→M43。墓葬多为近南北向或东北西南向，东西向或西北东南向的较少（图四）。

第二节 墓葬形制

二龙岗墓地共发现墓葬48座，编号M01（施工破坏）、M1～M48（其中M3为空号），发掘的

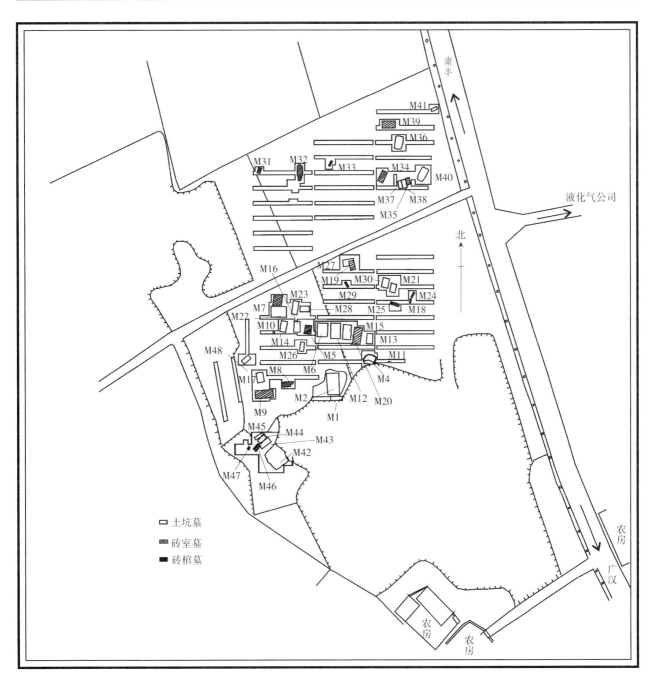

图四　二龙岗墓地墓葬分布示意图

47 座墓可分为竖穴土坑墓和砖室（棺）墓两大类。

一　土坑墓

共 28 座，均为竖穴土坑墓。分别为 M1、M2、M4、M6、M10、M12、M13、M14、M16、M17、M20、M21、M22、M23、M26、M27、M28、M30、M36、M37、M38、M40、M41、M42、M43、

M44、M45、M48。

　　墓坑的大小以底计，最大的是 M2，长 770、宽 530、深 200 厘米；最小的是 M41，长 270、宽 104、深 100 厘米。墓底距地表最深的 325 厘米（M48）；最浅的 45 厘米（M6）。

　　墓口平面都为长方形，可分为规整和不规整二型。

　　墓口呈比较规整长方形的有 10 座，分别为：M1、M17、M20、M22、M28、M30、M37、M44、M45、M48。墓口不规整的有 18 座，分别为 M2、M4、M6、M10、M12、M13、M14、M16、M21、M23、M26、M27、M36、M38、M40、M41、M42、M43。它们有的因为挤压略变形，有的一端略宽、另一端稍窄，有的墓边略弧。

　　墓坑壁可分为直、斜、不规整三型。

　　直壁墓坑墓有 15 座，分别为：M1、M6、M10、M12、M14、M16、M20、M21、M22、M23、M26、M27、M28、M30、M37。可分为直和较直两亚型，直壁似经专门加工，较直者未经专门加工或挤压变形。较直的有 4 座：M12、M14、M21、M30。如 M14，墓口长 450、宽 260 厘米，墓底长宽与墓口相同，墓壁垂直于墓底呈 90 度；其余 11 座皆为较规整的直壁，如 M20，墓口长 530、宽 300 厘米，墓底长宽与墓口相同。M37，墓口长 430、宽 210 厘米，墓底长宽与墓口相同，墓壁垂直于墓底呈 90 度。

　　斜壁墓坑墓有 11 座，分别为：M2、M13、M17、M36、M38、M41（宋）、M42、M43、M44、M45、M48。可分微斜、斜和斜弧三亚型，同一座墓中，有的墓四壁坡度一致，有的墓侧壁和端壁坡度略有不同（以最大坡度计）。微斜壁的墓，坡度为 87 度，有 3 座：M43、M44、M48。如：M48，墓口长 350、宽 170、墓底长 340、宽 160 厘米，墓四壁坡度较一致，为 87 度。斜壁的墓，坡度多在 80 至 87 度，有 7 座：M2、M13、M17、M36、M38、M41、M45，其中 2 座坡度较大。M2，墓口长 820、宽 550、墓底长 770、宽 530 厘米，东壁南边和南壁坑口 50 厘米下用熟土加工，侧壁坡度 86 度、端壁坡度 77 度。M36，墓口长 490、宽 240、墓底长 420、宽 204 厘米，侧壁坡度 67 度、端壁坡度 81 度。斜弧的只有 1 座：M42，墓口残长 520、宽 620、墓底残长 470、宽 570 厘米，墓壁坡度约 60 度。

　　坑壁不规整的墓坑有 2 座，为上直下弧或上斜下较直：M4、M40。坑壁上直下弧的为 M4，墓口残长 230、宽 450、墓底残长 320、宽 420 厘米。坑壁上斜下较直的为 M40，墓口长 520、宽 286、墓底长 330、宽 121 厘米。

　　墓坑的宽度，有的较宽，为长方形宽坑，有的较窄，为长方形窄坑。宽坑墓一般墓形较大，多有棺或合葬墓，窄坑墓一般墓形较小，多为无棺墓。长宽比以底计，2:1 以下的墓有 11 座，2:1 至 3:1 的墓有 10 座，3:1 以上的墓只有 1 座。余 6 座为残墓。

　　有熟土二层台的墓共 5 座，分别为 M2、M21、M22、M23、M28。M2 只在南边有二层台；M28 三边有二层台，M21、M22、M23 四边有二层台。二层台最低 10（M28）、最高 85（M2）、最窄 16（M23）、最宽 80（M2）厘米。

　　积炭墓只有 M2 一座，墓底、四周及墓口下 5～10 厘米积 5～7 厘米厚木炭，墓底木炭层厚 5～10 厘米、厚薄不匀。

　　墓底可分为平（较平）和不平二型，除 M37 墓底不平、M41 头部下凹外，其他都为平（较平）。

墓葬的填土大部分为黄褐色五花土（M1、M2、M17、M21、M26、M27、M30、M36、M40、M42、M48）和黄、黄褐或灰黑黏土（M10、M12、M13、M14、M16、M20、M22、M23、M28、M38、M45），部分填灰沙或灰黑沙土（M4、M6、M37、M41、M43、M44）。填土除灰沙或灰黑沙土外，其他都较紧、硬，但夯打痕迹不明显。

二　砖室（棺）墓

共19座。可分砖室和砖棺两类。

（一）砖室墓

共14座。由于被盗、扰严重，大多只残存墓葬下部或墓底。

1. 墓坑　均为竖穴土坑，可分长方形和中字形两型。

A　长方形坑　13座。

墓坑大小以底计，最大的是M9，长584、宽190、深62厘米；最小的是M47，长110、宽60、深40厘米。墓底距地表最深的228厘米（M7、M8），最浅的12厘米（M33）。

坑壁都较直，由于挤压变形，长、宽差都在5厘米以内。

墓坑的宽度，有的较宽，为长方形宽坑，有的较窄，为长方形窄坑。长宽比以底计，2∶1以下的墓有M5、7、M15、M19、M35、M31、M46、M47；2∶1至3∶1的墓有：M8、M9、M34、M39；长宽比最大的墓为M33，达6.2∶1。

墓底都为平底或较平，只有M8底不平。

B　中字形坑　1座（M32）。

墓坑平面略呈中字形，南面中部有略呈倒梯形3级阶梯墓道，长180、宽76/154厘米，中为长方形墓室，长346、宽216厘米，北面中部有较短略呈梯形斜坡墓道，长34、宽124/50厘米。

坑壁两端直壁，壁与底相交呈90度，两侧壁微斜，坡度约89度。墓底平。

2. 砖室　均长方形，都残，仅剩部分壁砖和铺底砖。可分单室和多室两型。

A　单室12座。

壁砖都错缝纵向平铺，

底砖大都纵向平铺，底砖横向平铺的墓仅M34一座，斜向平铺的墓仅M32一座。

B　多室　2座，用砖将墓室分隔成两或三室。

M31　两室，壁砖竖铺，底砖一竖两横平铺。

M33　三室，壁砖纵向侧铺，底砖纵向平铺。

3. 墓砖　都为长方形，按尺寸大小和有无花纹，可分两型。

A　花边砖　图案主要为菱形纹，长36、宽22、厚7厘米。

B　素面砖　长49、宽19、厚9厘米或长34、宽18、厚4厘米。

4. 填土

较杂，以灰黑土为主，有：M5、M19、M31、M35、M39、M46、M47；次为五花土，有：M7、

M32、M33、M34；还有少量填黄黏土（M8、M15）和灰褐土（M9）。

（二）砖棺墓

共 5 座。除 M11 破坏严重外，余皆保存较好。

1. 墓坑　都为长方形竖穴土坑。

坑壁多直壁（M18、M24、M25），斜壁仅一座（M29）。

墓坑的宽度都较窄，长宽比 3.2:1 的一座（M18），另三座都在 5.5:1 至 6.4:1。

坑底全为平底。

2. 棺室　由墓砖砌构成，都为长方形，平顶，平底。

顶砖都为横向平铺，M18、M24、M25 顶砖置于侧砖上，M29 顶砖嵌于侧砖间。另外在 M18 头端，在平顶上再砌纵向两侧一平的棺首。

侧壁为纵向侧铺，M18、M20 直接置于坑底，M24、M25 置于棺底砖上。

头、脚端为横向侧铺，M18 头端置于坑底，M18 脚端和 M24、M25 的头与脚端都置于棺底砖上。

底砖 M18、M25 为纵向平铺，M24 为横向平铺，M29 无。

3. 棺砖

青灰色素面砖，长约 38、宽约 16、厚约 9 厘米。

4. 填土

M18、M24、M25 填黄褐沙土，M29 填五花土，M11 填灰黑沙土。

第二节　葬具情况

47 座墓的葬具大部分保存不好（砖棺墓已在上节叙述，下略），发现棺椁的墓，除砖室墓中的陶棺外，都仅残存葬具的炭化痕迹，无法区分是否存有棺椁之分，现统一视为有葬具墓，分土坑墓和砖室墓叙述如下。

一　土坑墓

28 座土坑墓可分为有葬具墓和无葬具墓两类。

1. 有葬具墓　13 座。

只残存葬具痕。分别为：M2、M12、M17、M20、M22、M23、M30、M36、M37、M38、M40、M42、M43。除少数墓葬被盗扰，只发现局部炭化痕迹或葬具漆皮外，葬具最长 220（M23）、最宽 130（M20）、最窄 54（M23）厘米。葬具的长宽比 2.4:1 至 3.1:1 的墓有 7 座，4.1:1 的墓只有 1 座（M23）。13 座有葬具的墓葬中，合葬墓只有 1 座（M42），除 M2 被盗扰外，另外 11 座为单人墓。

2. 无葬具墓　15 座。都为单人墓。

未发现葬具的任何痕迹。除 M44、M45 无随葬品外，其他各都随葬多寡不等的随葬品。

二　砖室墓

14 座砖室墓被盗、扰严重，除 M9 外，都没有发现任何葬具。

M9 虽然也被盗、扰严重，但从发现情况看，应为单室多棺，起码在其北侧壁与东端壁和南侧壁与西端壁处各纵放 1 陶棺。

第三节　葬式和随葬品放置

一　葬　式

47 座墓中的人骨架大部分已腐朽，只有 M2、M4、M18、M21、M22、M27、M28、M37、M38、M41、M42、M43 可见部分骨架，除 M18 头骨与肢骨错位严重，似二次葬外，余均为仰身直肢葬。

二　随葬品放置

随葬品放置位置，土坑墓与砖室（棺）墓不同。

1. 土坑墓

28 座土坑墓除 M44、M45 两座外，都或多或少的随葬陶、铜、铁、石等随葬品。其放置位置可分以下几种情况。

放置头上：M28、M38、M41、M43。

放置身侧：M10、M16。

放置脚下：M4、M27、M37。

放置头或脚下及身侧：M12、M17、M21（头）、M22（头）、M23、M30、M42（头）。

放置头上脚下：M2、M26。

由于人骨架腐朽，不明头上或脚下的：M1、M6、M13、M14、M20、M36、M40、M48。

多数墓葬在身中部多放置钱币。M22 铁剑横置人骨颈部。

2. 砖室墓

由于被盗、扰严重，随葬品多遭移位，不能反映其放置规律。如从出土随葬品最丰富的 M9 看，其放置很难看出规律。

3. 砖棺墓

随葬陶器放脚下；随葬铜、铁器放身侧。

第四节　随葬品概述

二龙岗墓地发现的 48 座墓中，39 座出土有随葬品，9 座不出任何随葬品（多为后期扰乱，少量为空墓）。随葬品总计 2231 件。计有陶器，铜器，铁器，银，玉石器（见附表）。由于年代及墓葬形制的不同，随葬品组合与数量差别很大，分别叙述如下。

一　秦汉土坑墓

共 27 座，25 座出土随葬品，2 座空墓（M44、M45）。随葬品总计 2018 件。计陶器 278 件，铜器 1713 件，铁器 18 件，银器 1 件，玉石器 6 件（参见附表一）。

1. 陶器

出土陶器共 284 件。分别出自 24 座墓中（M10 仅出少量钱币），各墓现存随葬陶器多在 10 件及以上，计 17 座，最多者 22 件（M4），10 件以下 7 座，其中 5 件以下者 2 座，最少者仅 2 件（M17—被盗）。陶器绝大多数为夹砂陶，极少泥质。夹砂陶多为灰或灰褐色，次为黄褐或黄色，部分为灰黑、黑或磨光黑皮陶，红褐色较少，红、褐色极少。泥质陶只灰黑色一种。纹饰以凹、凸弦纹为主，多施于肩、颈、腹部，次为绳纹，多施于陶器腹、底部，划纹、篮纹、戳记很少。部分鼎、壶上饰红、白彩绘。陶器出土时残损严重，经尽力修复，大都器类可辨，按出土数量多寡排列，计有罐、鼎、壶、釜、豆、钫、钵、盆、盖、井、灶、瓮、盒、甑、钩、仓、丸、勺等。出土陶器大多陶土较粗，烧制温度较低且火候不匀。陶器多为轮制，部分手制或分制，部分陶器制作不规整，器形不对称，陶色不均匀。

罐　62 件。分出于 20 座墓中。多者 8 件（M12），少者 1 件（M1、M4）。根据整体形态不同，可分为：

卷沿罐　21 件。分出于 9 座墓中，多者 5 件（M12），少者 1 件（M14、M26、M27）。据肩部差别分二式。

Ⅰ式　18 件。弧肩。

Ⅱ式　3 件。斜肩。

深腹罐　3 件。分出于 3 座墓中。

圜底罐　2 件。出于 M37 中。

鼓腹罐　2 件。分出于 2 座墓中。

矮领罐　2 件。分出于 2 座墓中。

中领罐　2 件。出于 M2 中。

长颈罐　1 件。出于 M48 中。

侈口罐　1 件。出于 M2 中。

敛口罐　1件。出于 M14 中。

尖底罐　1件。出于 M4 中。

小罐　15件。分出于9座墓中，多置于灶的灶口上。

其他罐　11件。分出于9座墓中，2座墓出2件，余为1件。为器类可辨，但无法修复者。

鼎　38件。分出于20座墓中。多者4件（M2、M42），少者1件（6座墓），余者2件（12座墓）。全为夹砂陶，陶色多黄褐，次为灰褐，灰、黑、红褐极少。多在上腹饰凸弦纹，盖上饰凹弦纹，少部分施红、白彩绘。身、耳、足分制后粘接而成。大多制作较为规整。34件可分型、式。以足的不同分三型。

A 型　8件。圆锥形足。以足高、矮分两亚型。

Aa 型　4件。较高圆柱椎形足。以腹深、浅分两式。

Ⅰ式　2件。深腹。

Ⅱ式　2件。浅腹。

Ab 型　4件。矮扁椎形足。

B 型　2件。圆柱形足。

C 型　24件。兽蹄形足。以蹄足高、矮分两亚型。

Ca 型　4件。高蹄足。

Cb 型　20件。矮蹄足。以底部不同分三式。

Ⅰ式　5件。圜底。

Ⅱ式　14件。平底。

Ⅲ式　1件。底内凹。

壶　33件。分出于18座墓中。根据整体形态不同，可分为：

高领壶　14件。形体最大，分出于13座墓中，基本都出1件，只 M13 出2件。全为夹砂陶，多磨光黑皮陶，次为灰褐陶，黄褐、灰陶较少。多在领、腹部施凹弦纹，少量饰红、白彩绘。8件可分型、式。以口部差别分二型。

A 型　6件。侈口。以陶器表面是否加工分二亚型。

Aa 型　4件。磨光黑皮陶。据有无铺首分二式。

Ⅰ式　2件。无铺首。

Ⅱ式　2件。有铺首。

Ab 型　2件。灰褐陶。据最大腹径不同分二式。

Ⅰ式　1件。最大腹径位于下腹部。

Ⅱ式　1件。最大腹径位于中腹。

B 型　2件。盘口。据盘口浅、深差别分二式。

Ⅰ式　1件。浅盘口。

Ⅱ式　1件。较深盘口。

壶　12件。形体较小，分出于8座墓中，多者3件，仅 M2，出2件者有2座（M37、M38）。全为夹砂陶，多为灰褐色，少量灰黑、黄褐及黑褐。纹饰多为凹弦纹，少部分施红、白彩绘。7件可分型。据耳的差别分二型。

A 型　2 件。錾耳，据口部差别分二亚型。

Aa 型　1 件。盘口。

Ab 型　1 件。侈口。

B 型　5 件。环耳。据领部差别分二亚型。

Ba 型　4 件。中领。

Bb 型　1 件。较高领。

蒜头壶　5 件。口作蒜头形，细颈，分出于 5 座中，各墓只出 1 件。全为夹砂陶，多为黄褐色，灰、灰褐和黑皮陶少。器表多为素面，只 1 件施凸弦纹。据圈足差别分三式。

Ⅰ式　2 件。圈足外斜。

Ⅱ式　2 件。圈足直。

Ⅲ式　1 件。圈足内斜。

镰壶　2 件。仅出 M36 中。

釜　24 件。分出于 15 座墓中，出 3 件者 2 座（M36、M42），出 2 件者 3 座（M26、M37、M38、M40），余者各墓出 1 件。全为夹砂陶，以灰及灰褐色为主，灰黑、黄褐、黑色较少，红褐极少。纹饰多绳纹，少篮纹及划纹。根据整体形态不同，分为：

罐形釜　17 件。分出于 10 座墓中，据器形大、小差别分二型。

A 型　5 件。器形较大。据有无肩的差别分二式。

Ⅰ式　4 件。有肩。

Ⅱ式　1 件。无肩。

B 型　12 件。器形较小。据有无肩的差别分二式。

Ⅰ式　5 件。有肩。

Ⅱ式　7 件。无肩。

盆形釜　3 件。分出于 3 座墓中，据无、有领的差别分二式。

Ⅰ式　2 件。无领。

Ⅱ式　1 件。有领。

其他釜　4 件。分出于 4 座墓中。器类可辨而未修复者。

豆　21 件。分出于 7 座墓中，最多出 6 件（M37），最少出 1 件（M1、M2）。全为夹砂陶，多为黑色，次为灰褐、灰黑色，极少黄色。器表多素面，极少彩绘与划纹。全为尖底盏附加小矮圈足而成。

钫　14 件。分出于 12 座墓中，最多出 2 件（M4、M13），余者只出 1 件。方侈口，鼓腹，方圈足。全为夹砂陶，多为磨光黑皮或黑衣陶，灰褐及灰黑陶极少。器表多为素面，少量施彩绘。8 件可分式。据外沿窄、宽分二式。

Ⅰ式　3 件。外沿较窄。

Ⅱ式　5 件。外沿较宽。

钵　12 件。分出于 8 座墓中，最多出 2 件（M2），余者只出 1 件。全为夹砂陶，以黄褐色为主，少灰褐、灰黑和黑陶。器表以素面为主，少凹弦纹和绳纹。其中5件以腹部形态差别分三型。

A型　1件。弧腹。

B型　1件。直腹。

C型　3件。折腹。以上腹差别分二式。

Ⅰ式　1件。上腹斜直。

Ⅱ式　2件。上腹内束。

盆　10件。分出于10座墓中，各墓只出1件。全为夹砂陶，以灰褐与黄褐陶为主，灰黑及黑皮陶很少。纹饰以凹弦纹及红、白彩绘为主，少凸弦纹。以底部差异分三型。

A型　2件。圜底，据沿窄、宽分二式。

Ⅰ式　1件。窄沿。

Ⅱ式　1件。沿较宽。

B型　1件。平底。

C型　7件。圈足，据唇部差别分二式。

Ⅰ式　4件。圆唇。

Ⅱ式　3件。方唇。

井　11件。分出于11座墓中。全为夹砂陶，以灰褐色为主，少黄褐、黑和黑皮陶。纹饰绝大多数为凹弦纹，极少凸弦纹。其中9件以沿部差别分二型。

A型　7件。折沿近平。以唇部差别分二式。

Ⅰ式　4件。圆唇。

Ⅱ式　3件。方唇。

B型　2件。斜折沿。以唇部差别分二式。

Ⅰ式　1件。圆唇。

Ⅱ式　1件。方唇。

灶　10件。分出于10座墓中。全为夹砂陶，以灰褐色为主，少灰及黄褐陶，器表全为素面。其中6件以有、无烟孔分二式。

Ⅰ式　5件。有烟孔。

Ⅱ式　1件。无烟孔。

盖　10件。分出于7座墓中，多者2件（M2、M37、M38），余者1件。全为夹砂陶，以黄褐色为主，少灰黑陶。器表全为素面。

瓮　7件。分出于6座墓中，除1座墓（M42）出2件外，余者只出1件。全为夹砂陶，以灰褐色为主，次为黄褐陶，纹饰全为绳纹。据底部小、大分二型。

A型　6件。小平底，据沿部差别分二式。

Ⅰ式　3件。微有沿。

Ⅱ式　3件。折沿。

B型　1件。底较大。

盒　7件。分出于4座墓中，除1座墓（M23）只出1件外，余者都出2件。全为夹砂陶，以黄褐色为主，灰、黑、黑褐很少。器表全施凹弦纹，极少饰红、白彩绘。其中4件据子口外下是否下凹分二型。

A型 2件。子口外沿下凹。据凹槽窄、宽分二式。

Ⅰ式 1件。窄凹槽

Ⅱ式 1件。宽凹槽。

B型 2件。子口外下平。

甑 7件。分出于7座墓中。全为夹砂陶，以黄褐色为主，灰褐、灰黑、黑陶很少，器表除素面外，纹饰全为凹弦纹。其中3件以沿部差别分二式。

Ⅰ式 1件。平沿。

Ⅱ式 2件。沿外下折。

钩 4件。只出M4中。全为夹砂黄褐陶，素面。

仓 3件。分出于3座墓中。全为夹砂陶，灰褐或黑皮陶，器表施绳纹或素面。

丸 9件。分出于2座墓中。全为泥质灰黑陶，素面。

勺 1件。出于M21中。

环 1件。出于M4中。

2. 铜器

共出超过1713件。分出于22座墓中，一墓现存铜器最多者426件（M4），少者只有1件，百件以上者5座，十至百件者8座，十件以下者9座。可分为钱币、容（炊）器、杂器、服饰器、兵器、车马器、印章和工具八大类。以钱币最多，超过1613件（部分钱币锈蚀粘接，不能准确统计件数），约占94%。绝大多数为"半两"，少量"五铢"，还有少量钱文模糊，不能辨识。其他器类100件，约占6%。其次容（炊）器，计有鼎、壶、蒜头壶、钫、釜、鍪、卣、镰斗、洗、盆、奁（厄）、钵、匜、耳杯、盖等37件。杂器23件，种类有镜、环、饰件、珠4种。服饰器16件，种类有带钩、襟钩、指环3种。兵器11件，种类有剑、戈、矛。车马器10件，种类有盖弓帽、泡钉2种。印章2枚。工具1件。

（1）钱币 超过1613件。分出于16座墓中，计有"半两"超过1586枚，"五铢"20枚，钱文不清者超过7枚，均为铜钱。

半两 超过1586枚。分出于13座墓中。其中7座墓出土的半两钱钱文模糊可辨，6座墓出土的半两钱按钱径和重量的不同可分三型。

A型 八株"半两"。钱径2.8~3.3厘米，重4~8克。

B型 四株"半两"。钱径2.5~2.7厘米，重2~5克。

C型 榆荚"半两"。钱径2.2~2.4厘米，重2~3克。

A、B、C同出的墓2座，只出A的墓1座，A、B同出的墓1座，B、C同出的墓2座。

"五铢" 20枚。分出于2座（M6、M27）中。据钱径、重量不同，9枚可分二式。

Ⅰ式 8枚。直径2.5厘米，重3克。

Ⅱ式 1枚。直径2.55厘米，重4克。

（2）容（炊）器 37件。分出于9座墓中。计有鼎、壶、蒜头壶、钫、釜、鍪、卣、镰斗、洗、盆、奁（卮）、钵、匜、耳杯、盖、铲等。大多薄胎，锈蚀，出土时多挤压变形。

鼎　5 件。分出于 3 座墓中，2 座墓（M2、M42）出 2 件，1 座墓（M1）出 1 件。据盖钮形状和足上大小上差别分二式。

Ⅰ式　2 件。环菇头形钮，足较大。

Ⅱ式　3 件。环钮，足较小。

壶　2 件。出于 M2 中。

蒜头壶　3 件。分出于 3 座墓中，只有 1 件修复。

钫　2 件。分出于 2 座墓中。以外沿窄、宽差别分二式。

Ⅰ式　外沿较窄。

Ⅱ式　外沿较宽。

釜　3 件。分出于 3 座墓中。

鍪　3 件。分出于 3 座墓中

卣　1 件。出于 M2 中。

镰斗　2 件。分出于 2 座墓中。

洗　1 件。出于 M4 中。

盆　4 件。分出于 4 座中。修复 1 件，余皆残甚。

奁（卮）　4? 件。出于 M2 中，仅残存座足部分。

钵　1 件。出于 M1 中，残甚。

匜　2 件。出于 M36 中，残甚。

耳杯　1 件。出于 M23 中，仅残存耳扣。

盖　1 件。出于 M2 中，残。

铲　2 件。出于 M01 中。

（3）杂器　23 件。分出于 7 座墓中，种类有镜、环、饰件、珠 4 种。

镜　5 件。分出于 4 座墓中。修复 2? 件，余皆残存碎片。

环　10 件。分出于 4 座墓中。

饰件　7 件。分出于 3 座墓中。

珠?　1 件。出于 M30 中，锈蚀严重呈珠形。

（4）服饰器　16 件。分出于 10 座墓中，计有带钩、襟钩、指环三类。

带钩　11 件。分出于 8 座墓中，一般只出 1 件，出 3 件 1 座（M42），出 2 件 1 座（M27）。兽头形弯钩，圆形扣，7 件据钩身差别分三型。

A 型　2 件。钩身略呈圆柱形，整体近螳螂形。

B 形　4 件。钩身略扁，钩尾略宽，整体近蝉形。

C 型　1 件。钩身略呈棱柱形。

襟钩　2 件。分出于 2 座墓中，整体略呈鸭形。

指环　3 件。分出于 2 座墓中。小圆环形。

（5）兵器　11 件。分出于 4 座墓中。计有剑、戈、矛三类。

剑　3件。分出于3座墓中。分二形。

A型　2件。分出于2座墓中。

B型　1件。出于M2中，柳叶形，残存柄部。

戈　2件。分出于2座墓中。长胡三穿。

矛　3件。出于M01中。

镦　3件。分出于2座墓中。

（6）车马器　10件。分出于2座墓中，计有盖弓帽、泡钉二类。

盖弓帽　8件。出于M4中。

泡钉　2件。出于M12中。

（7）印章　2枚。出于M01中。汉字。

（8）工具　1件。出于M12中，为削。

3. 铁器

共19件。分出于12座墓中，每座1～3件不等，大多锈蚀严重，17件可辨器类。计有工具8件，有削、刀、匕、斧、凿五类。兵器7件，只剑一种。农具2件，铧、镰二类。

（1）工具　8件。分出于7座墓中。

削　3件。分出于3座墓中。

刀　2件。分出于2座墓中。

匕　1件。出于M26中。

斧　1件。出于M42中。

凿　1件。出于M01中。

（2）兵器　7件。分出于7座墓中。全为剑。

（3）农具　2件。分出于2座墓中。

铧　1件。出于M12中。

镰　1件。出于M12中。

4. 银器　1件。出于M2中，为卮（厄）座。

5. 玉石器　6件。分出4座墓中，每墓1～2件不等。计有璧、环、珇、磨盘、杵、饰件等。

璧　1件。出于M01中。

环　1件。出于M2中。

珇　1件。出于M01中。

磨盘　1件。出于M12中。

杵　1件。出于M12中。

饰件　1件。出于M42中。

二　汉代砖室（棺）墓

共14座，其中砖室墓9座，砖棺墓5座。出随葬品的墓10座，4座为盗扰严重，不出任何随葬品的空墓。随葬品总计 194 余件，计有陶器 66 件，铜器 123 余件，铁器 3 件，玉石器 2（参见附表二）。

1. 陶器

共 66 件，分别出自 7 座墓中，各墓现存随葬陶器 10 件及以上 2 座，10 件一下 5 座，一墓最多者 39 件（M9），最少者 1 件（M15、M24）。绝大多数陶器为夹砂陶，泥质陶仅占 1.2%，陶色以灰、灰褐为主，次为红、红褐陶，灰黑、黑和黄褐陶很少，纹饰以凹弦纹占绝大多数，极少凸弦纹。制法容器多轮制，俑多模制，手制较少。烧成温度较高。因盗扰破坏，出土时残损严重，修复陶器不多，但大多能够辨识器类。按出土数量多寡计，有罐 11、丸 6、房 5、钵 4、碗 3、纺轮 3、鼎 2、仓 2、蒜头壶 1、釜 1、甑 1、匜 1、灶 1、井 1 及各类人物俑与动物俑等。由于同类同型式陶器太少，未分型、式。

2. 铜器一墓最多者 43 件（M24），最少者 1 件（M35）。可分为钱币、杂器两类。以钱币数量最多，超过 120 枚。

钱币 超 120 件。分别出自 8 座墓中，各墓现存随葬铜器 10 件以上者 3 座，10 件一下者 5 座。

"五铢" 70 枚。分别出自 7 座墓中，最多者 28 枚（M25），最少者 1 枚（M35）。

"货泉" 43 枚。分出于 2 座墓中，2 枚 M8，41 枚 M24。

"大泉五十" 6 枚。出于 M8 中。

钱文不清者 编号 2，出于 M24 中，锈蚀严重，粘接，数量不明。

"五铢"、"货泉"及"大泉五十"共出者，仅 M8 一座。

3. 玉器

共 2 件。出于 M34 中，为玉指环。

三 宋代墓葬

共 6 座。3 座出土有随葬品，3 座为盗扰严重不出随葬品的空墓。随葬品总计 19 件，计有陶（釉陶）器 12 件，铜器 7 件（参见附表三）。

1. 釉陶（陶）器

共 12 件，其中釉陶 11 件，陶器 1 件。分别出自 2 座墓中，各 6 件。陶质以夹砂陶占绝大多数，泥质陶仅 1 件，胎色多为红胎，颜色深浅不同，釉色多为褐、黑褐、酱，次为黄釉，多无纹。按数量多寡计，有碗 3、四系罐 2、罐 2、双耳杯 2、双耳罐 1、盒 1、买地券 1，制法多轮制，或附加手制器耳，烧成温度较高。未分型式。

2. 铜器

共 7 件。分别出自 2 座墓中。可分为钱币和服饰器两类。钱币 5 枚，全为"崇宁通宝"。服饰器 2 件，簪、钗各一。

第三章 秦汉土坑墓

28 座秦汉土坑墓中（M01 因施工破坏，墓葬形制不明，参与本章讨论的只有 27 座墓，M01 追缴文物录于本章其他类中），墓坑的大小、有无二层台、有无葬具、有无积炭、随葬品的多寡相差比较悬殊，这是不同等级的人在埋葬制度上的客观反映。为了进一步弄清当时不同在埋葬制度上的差别及其变化，必须按照墓葬的差异进行分类（附表一）。

第一节 墓葬分类标准

这批墓葬比较明显的差异主要表现在有无葬具上。因此，从大的一方面看，一类为有葬具墓，一类为无葬具墓。

有葬具的墓都出成套陶礼器、或多或少的铜礼器和铜、铁兵器与钱币等，但又有一定的差别，突出表现在有无铜礼器或磨光黑皮陶的有无上，因此，可将有葬具墓按上述差别分成甲、乙、丙三类。

无葬具的墓根据出土随葬品的主要差别可分为：一类出土铜礼器；一类出土磨光黑皮陶；一类只出陶礼器；一类无任何随葬品。

这样可将 27 座土坑墓分为甲、乙、丙、丁、戊、己、庚七类。

第二节 甲类墓

一 甲类墓的特点

甲类墓只有 5 座，编号为 M2、M23、M36、M42、M43，都发现有炭化葬具痕迹。葬具长 174 ~ 220、宽 54 ~ 70 厘米。

均为竖穴土坑墓，以坑底计，长度在 390 ~ 770、宽度在 180 ~ 570 厘米。长宽比 2∶1 以下 1 座，2.1∶1 至 2.8∶1 的 3 座，1 座遭破坏，长宽比不明（估计为 2∶1 以下）。坑壁多斜或斜弧，斜度 60 ~ 86 度，仅 1 座墓坑壁垂直于坑底。M2、M23 在坑壁下部有二层台。坑底平或较平，距地表最浅 50、最深 300 厘米。

随葬品组合：一是都有或多或少的铜礼器；二是都有一套陶礼器；三是有的有磨光黑皮陶礼器；四是或有铜、铁兵器及生产工具等。

二　墓葬分述

1. M2

层位关系　3—M2→生土。

墓葬形制　长方形竖穴土坑墓。墓向348度。墓口长820、宽550、墓底长770、宽530、墓坑深200厘米。坑底长宽比1.45∶1。坑壁斜度两侧壁86度、两端壁77度。在东壁南端和南壁，用熟土修补坑壁，在南壁下发现有熟土二层台，宽30、高40厘米。墓坑四边及上下有积炭。坑口25厘米下及四边有厚5～7厘米炭层，坑底炭层厚约7～10厘米，炭层下局部可见朱砂。坑底平，坑内填五花土（图五）。

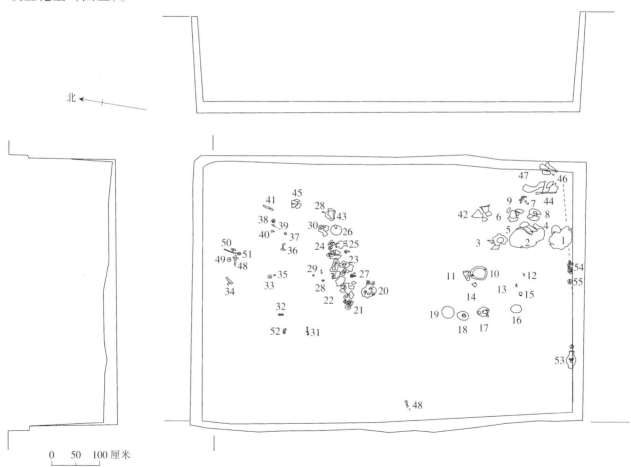

图五　M2平、剖面图

1. 陶釜　2. 陶罐　3、5. 陶器盖　4、44. 陶中领罐　6. 陶高领壶　7、26、28、36、46. 铜环　8. 陶侈口罐　9. 铜釜　10. 铜鍪　11、12、33、35、38. 铜饰件　13. 银奁（厄）足　14、15、18. 铜奁（厄）足　16、25. 铜鼎　17、53. 铜壶　19、20. 彩陶壶　21～23. 彩陶鼎　24. 铜蒜头壶　27. 铜盘足　29. 豆　30. 铜带钩　31、39. 铜铺首　32. 铜器盖　34. 铜戈　37. 铜车軎　40. 铁剑　41、43. 陶钵　42. 铜盆　45. 陶瓮　47. 铜剑　48. 铜镦　49、52. 铜镜　50. 铁刀　51. 玉环　54、55. 铜"半两"

葬具　腐朽，残存棺木炭化和漆皮痕迹。

人骨架　1具，腐朽。从残存痕迹看，葬式仰身直肢，头向168度。

随葬品　出土陶、铜、铁、银、玉器55件及木匣痕迹。

陶器　19件。

鼎　4件，Ab型。

标本M2:21，夹砂黄褐陶。腹施凹弦纹2周；腹饰红色彩绘，上腹绘斜窄条纹，中腹绘卷钩纹，下腹绘勾连纹，足绘卷钩和"人"字形纹。子母口，沿内斜折，斜方唇，腹微弧，上腹附耳残，下腹附加3矮锥形足，圜底。分制，火候一般。口径17.2、残高10.8厘米（图六:1，图版四）。标本M2:22，夹砂黄褐陶。腹施凹弦纹2周；腹绘红、白色彩绘。上腹绘红、白交叉窄条纹，耳绘红白相间几何三角纹，腹绘红、白相间勾连纹，下腹绘红色勾连纹，足绘勾连及变形"人"字形纹。子母口，内斜折沿，腹微弧，上腹附加2对称窄方耳、耳下部施竖长方形穿，下腹附加3矮锥形足，修复。分制，火候一般。口径17.2、高16.8厘米（图六:2，图版五）。标本M2:23，夹砂黄褐陶。腹施凹弦纹2周，腹饰红、白色彩绘。耳绘几何三角形红彩，上腹绘红、白交叉窄彩条，中腹绘红勾连纹，下腹彩绘图案不清，鼎足绘勾连和"人"字形纹。子母口，沿内斜折，斜方唇，腹微弧，上腹附加2对称窄长方形耳、耳下部施竖长方形穿，下腹附加3矮锥形足，圜底，修复。分制，火候一般。口径17.4、高16厘米（图六:3，图版六）。

高领壶　1件。Ab型I式。

标本M2:6，夹砂灰褐陶，局部灰黑。肩部施粗凹弦纹两周，腹施细凹弦纹2周，圈足中部施细凹弦纹1周。肩残存贴塑对称铺首痕。口内壁残存红彩。敞口，方唇，高领外斜，溜肩，鼓腹，圈足较高、外斜，修复。口径18、足径19.8、高42.1厘米（图六:4，图版七）。

壶　3件。2件可分型。Ba型。

标本M2:19，夹砂黑褐陶，局部、胎褐。颈下部施凹弦纹2周，上、下腹各施凹弦纹1周。盖中心绘花蕊形红彩，外绘勾连纹；外沿绘卷钩纹；颈绘几何三角形，肩、腹绘勾连及鱼纹。盖呈覆盘形，弧顶，附加三钮，子母口，圆唇；壶身盘口，方唇，束颈，溜肩，肩部附加2对称竖耳、耳上施圆形穿，鼓腹，矮圈足、外撇，修复。分制，火候一般。口径11.2、足径12.4、高27.2厘米（图六:5，图版八）。标本M2:20，夹砂黑褐陶，局部、胎褐。颈下部及上、下腹各施凹弦纹2周。盖中心绘花蕊形红彩，外绘勾连纹；外沿绘勾连纹；颈绘几何三角形，肩、腹绘勾连及变形鱼纹。盖呈覆盘形，弧顶，附加三钮，子母口，圆唇；壶身盘口，方唇，束颈，溜肩，肩部附加2对称竖耳、耳上施圆形穿，鼓腹，矮圈足、外撇，修复。分制，火候一般。口径10.4、足径14、高27.6厘米（图六:6，图版九）。

瓮　1件。A型II式。

标本M2:45，夹砂灰褐陶，局部灰黑。腹施竖绳纹，内领多轮制痕。口近直，微有折沿，圆唇，中矮领、微外斜张，圆肩，鼓腹，小底内凹，修复。轮制，火候较高。口径26.4、底径12.8、高37.6厘米（图七:1，图版一〇）。

中领罐　2件。

标本M2:4，夹粗砂灰陶，局部灰褐。腹施竖绳纹。口微侈，微有斜折沿，圆唇，中领微斜，

图六 M2 出土陶鼎、壶

1～3. Ab 型鼎（M2:21、22、23） 4. Ab I 式高领壶（M2:6） 5、6. Ba 型壶（M2:19、20）

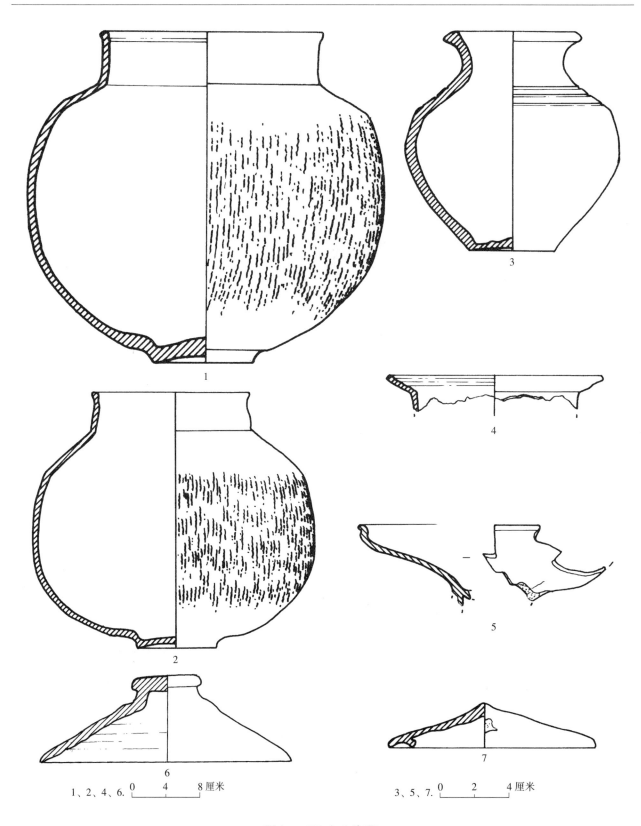

1、2、4、6. 0 4 8厘米

3、5、7. 0 2 4厘米

图七　M2 出土陶器

1. AⅡ式瓮（M2:45）　2. 中领罐（M2:4）　3. 侈口罐（M2:8）
4. Ⅰ式盆形釜（M2:1）　5. 豆（M2:29）　6、7. 器盖（M2:3、5）

斜肩，鼓腹、下腹急收，小底内凹，修复。轮制，火候一般。口径18.6、底径10.8、高29.2厘米（图七:2，图版一一）。标本M2:44，夹粗砂黄褐陶，局部灰褐。腹施竖绳纹。口微侈，微有斜折沿，圆唇，领微斜，斜肩，鼓腹，下腹急收，小底较平，修复。轮制，火候一般。口径20.8、底径10.8、高20.8厘米。

侈口罐　1件。

标本M2:8，夹砂灰褐陶，局部黄褐。肩施凹弦纹3道。侈口，沿微外下折，圆唇，束颈，斜肩，鼓腹，平底微凹，修复。轮制，火候一般。口径8.2、底径6.1、高12.6厘米（图七:3，图版一二）。

罐　1件。

标本M2:2，未修复。

盆形釜　1件。Ⅰ式。

标本M2:1，夹粗砂灰褐陶，胎、里红褐。素面，沿面施粗凹弦纹2周。侈口，较宽斜折沿，圆唇，微有上腹，残。轮制，火候一般。口径25.2、残高4厘米（图七:4）。

豆　1件。

标本M2:29，夹砂黑陶，红褐胎。素面。侈口，微有卷沿，圆唇，外沿下有凹槽一周，弧腹内收，圈足残。分制，火候一般。残宽7.2、残高5.3厘米（图七:5）。

钵　2件。

标本M2:41、43，未修复。

盖　2件。

标本M2:3，夹砂黑衣陶，黄褐胎。素面。圆饼形钮，盖壁斜直，敞口，圆唇，修复。轮制，火候一般。钮径8.4、口径29.6、高10厘米（图七:6，图版一三）。M2:5，夹砂灰陶，局部褐。素面，盖顶有钮残痕。覆尖底盏形，母口，圆尖唇，疑为壶盖。修复。手制轮修，火候一般。口径12.3、高2.4厘米（图七:7，图版一四）。

铜器　32件。

鼎　2件。

Ⅰ式　1件。

标本M2:16，青铜，锈蚀严重，腹施凸弦纹一周。敛口，方唇，微鼓腹，上腹附加2对称方耳，下腹附加3兽蹄形足，圜底，修复。分铸。口径16.4、高16厘米（图八:1，图版一五）。

Ⅱ式　1件。

标本M2:25，青铜，锈蚀严重。鼎盖微弧，顶三分环钮；身敛口，内折沿，腹微鼓，上腹附加2对称长方形耳，下腹附加3兽蹄足，残。分制。口径14、残高6.5厘米（图八:2，图版一六）。

壶　2件。Ⅰ式。

标本M2:53，青铜，锈蚀。肩施粗凹弦纹一周，腹饰粗凹弦纹2周。盖弧顶，附加三菇头形钮，子母口；身侈口，方唇外沿较窄，微束颈，溜肩、肩部附加对称铺首衔环，鼓腹，圈足较高、外斜直，修复。分制，胎很薄。口径10.7、足径13.1、通高33厘米（图八:3，图版一七）。标本M2:17，青铜，锈蚀严重。盖弧顶，三分菇头形钮，子母口。身侈口，方唇，外沿较窄，微束颈，

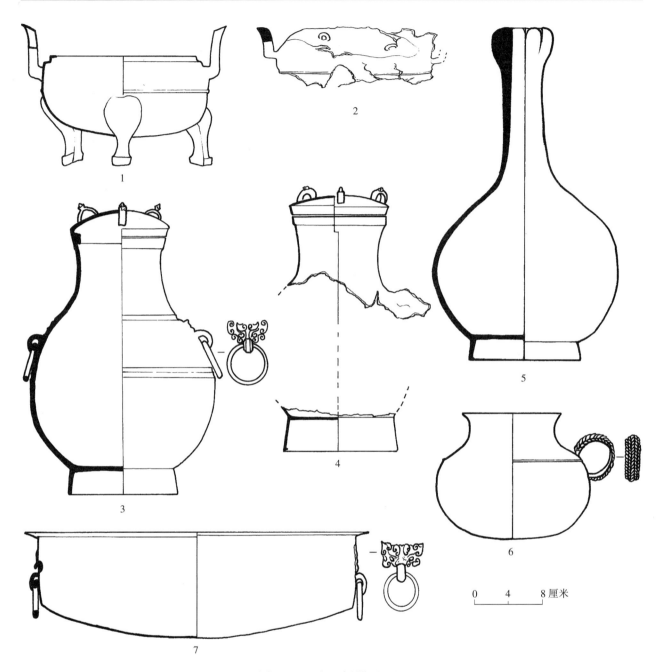

图八　M2 出土铜器（一）

1. I 式鼎（M2:16）　2. II 式鼎（M2:25）　3、4. I 式壶（M2:53、17）　5. 蒜头壶（M2:24）　6. 鍪（M2:10）　7. 盆（M2:42）

溜肩，鼓腹，圈足较高、外斜直，残。口径 10.7、足径 13 厘米（图八:4，图版一八）。

蒜头壶　1 件。

标本 M2:24，青铜，锈蚀。素面。直口，外沿呈蒜瓣形，高细颈，溜肩，鼓腹，较矮圈足、外斜直，修复。分铸。口径 7.2、足径 14.4、高 37.6 厘米（图八:5，图版一九）。

釜　1 件。

标本 M2:9，青铜，锈蚀严重。腹施凸弦纹一周，耳饰麦穗纹，薄胎。沿下、腹多烟炱痕。侈口，斜折沿，鼓腹，上腹附加 2 对称竖环耳，圜底，残甚。口径 18 厘米。

鍪　1 件。

标本 M2:10，青铜，锈蚀。肩施凸弦纹一周，耳饰麦穗纹，薄胎，耳侧有范痕。侈口，卷沿，圆唇，束颈，窄肩，鼓腹，圜底，修复。范铸。口径 11.8、高 14.4 厘米（图八:6，图版二〇）。

盆　1 件。

标本 M2:42，锈蚀。侈口，斜折沿，圆尖唇、微外下卷，直腹，附加 2 对称铺首衔环，圜底，修复。范铸。口径 43.2、高 12 厘米（图八:7，图版二一）。

奁（厄）足　4 件。

标本 M2:14，锈蚀严重。残剩小兽蹄形足、根内中部有销钉。高 2.5 厘米（图九:1，图版二二—右）。标本 M2:18，锈蚀严重，泛灰白色，芯为细砂灰陶。残剩 2 小兽蹄形足，跟中部有销钉。残高 2.6 厘米（图版二二—中）。标本 M2:15，锈蚀严重，残剩 2 座足。小兽蹄形，跟中部有销钉。高 2.6 厘米（图版二二—左）。

盖?　1 件。

标本 M2:32，锈蚀严重。素面。平顶，方唇，母口，残。顶径 8.5、残高 2.3 厘米（图九:2，图版二三）。

环　4 件。

标本 M2:7，锈蚀。2 件，疑为铁器掉环。7-1，残留部分铁锈痕（图版二四—右）。7-2，残留部分铁器。直径 3.3 厘米（图九:3，图版二四—左）。标本 M2:26，2 件。26-1，锈蚀。圆环，完整（图九:4，图版二五—右）。26-2，锈蚀。圆环，修复。直径 2.4 厘米（图版二五—左）。标本 M2:36，锈蚀。圆环，复原。直径 2.4 厘米。标本 M2:46，锈蚀严重，泛灰白色。衔环，残。直径 6.5 厘米（图九:5）。

扣衔环　1 件。

标本 M2:28，锈蚀。圆扣衔环，扣背面中部有 2 圆柱形销。残。扣径 3 厘米（图九:6，图版二六）。

铺首　3 件。

标本 M2:31，锈蚀严重。兽面铺首衔环，背面有扁形销，残。残宽 2.3 厘米。标本 M2:39，锈蚀严重。兽面铺首衔环，背面有扁形销，残。残宽 2.2 厘米（图九:7）。标本 M2:39-1，锈蚀严重。兽面铺首残，背面扁形销保留较长。残宽 1.6 厘米。

饰件　5 件。

标本 M2:11，青铜，锈蚀。环钮形，长 2.9、宽 1.2 厘米。

标本 M2:12，锈蚀严重，泛灰白。喇叭形，柄中部有凸棱 4 道，喇叭部残留凸棱 4 道，残。残高 6 厘米（图九:8，图版二七—右）。标本 M2:35，锈蚀严重。部分泛灰白色。近圆柱形，上部较细、下部略粗，底中部有圆柱形销。最大径 1.8、残高 6.3 厘米（图九:9，图版二七—左）。标本 M2:33，锈蚀。圆饼形座，扁形柱，上托兽面? 及半环，残。分制。座径 3.4、残高 4.2 厘米（图九:10，图版二八）。

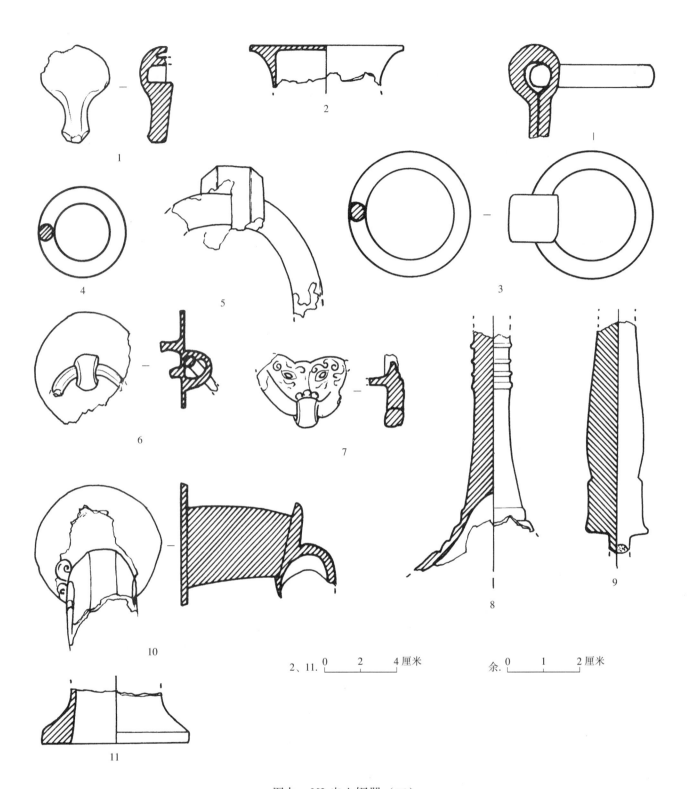

图九　M2 出土铜器（二）

1. 奁（厄）足（M2:14）　2. 盖?（M2:32）　3～5. 环（M2:7、26、46）　6. 扣衔环（M2:28）　7. 铺首（M2:39）
8～10. 饰件（M2:12、35、33）　11. 车害（M2:37）

标本 M2:38，锈蚀。残剩半环形，残。直径 2.8 厘米。

车軎　1 件。

标本 M2:37，锈蚀，芯红褐色细砂。近圆柱形，中空，残。直径 8.2、孔径 4.9、残高 3.1 厘米（图九:11，图版二九）。

剑　1 件。

标本 M2:47，青铜，锈蚀。柳叶形，残剩剑茎（柄），中部施两圆形穿。残长 3.2、残宽 1.8、厚 0.5 厘米（图一○:1，图版三○）。

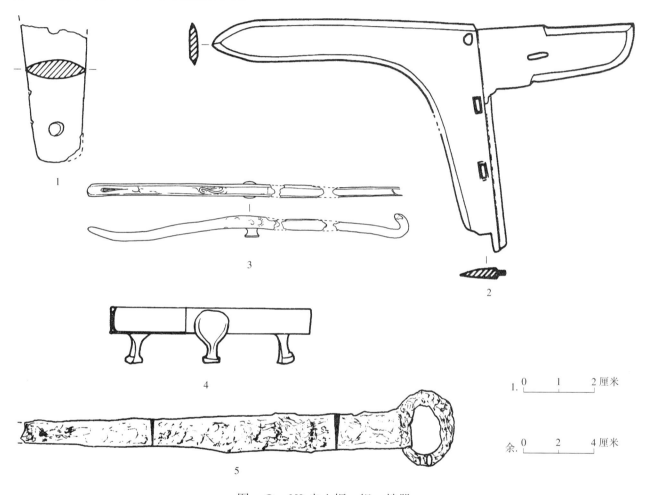

图一○　M2 出土铜、银、铁器

1. 铜剑（M2:47）　2. 铜戈（M2:34）　3. C 型铜带钩（M2:30）　4. 银奁（卮）座（M2:13）　5. 铁削（M2:50）

戈　1 件。

标本 M2:34，锈蚀。尖锋，直援、较窄长，长胡三穿，穿顶端圆形，中、下长方形，胡、内间有栏，内略呈长方形，尾端斜弧，近中部有窄长条形穿，援、内后段刃较锋利，完整。范铸。长 23.5、宽 12.3、拦部厚 0.8 厘米（图一○:2，图版三一）。

镜　2 件。

标本 M2:49、52，青铜，锈蚀严重成残片。

带钩　1件。C型。

标本 M2:30，青铜，锈蚀。腹面及侧面鎏金，图案不明。长腹、呈不规则棱柱形，尾扁，兽头形弯钩、略残，椭圆形钮、矮柱。残为三段。长17、腹宽0.65、最厚0.7、座高0.5、钮长径1、短径0.8厘米（图一〇:3，图版三二）。

"半两"　10多枚。

标本 M2:54，青铜，粘接、锈蚀严重，可辨为"半两"。

银器　1件。奁（卮）座。

标本 M2:13，青铜，锈蚀。素面，器表鎏银。环带状奁（卮）座，三兽蹄形足，复原。直径10.4、高2.7厘米（图一〇:4，图版三三）。

铁器　2件。

剑　1件。

标本 M2:40，锈蚀严重，特残。

削　1件。

标本 M2:50，锈蚀严重。长条形，前段窄、后段稍宽，环首略呈椭圆形，背略厚，刃较锋利，尖略残。锻制。残长24.3、身最宽2厘米（图一〇:5，图版三四）。

玉器　1件。环。

标本 M2:51，未修复。

2. M23

层位关系　2—M23→生土。

墓葬形制　长方形竖穴土坑墓。墓向351度。墓口长410、宽180、墓底长364、宽130、墓坑残深80厘米。墓底长宽比2.8:1。墓壁垂直于墓底呈90度。墓底四周有熟土二层台，二层台宽约20~30、高40厘米。墓坑内填黄黏土（图一一，图版三五）。

葬具　腐朽严重，残存炭化痕迹。长220、宽54厘米，长宽比4.1:1。

人骨架　1具，腐朽严重，仅残存痕迹。

随葬品　出土陶、铜、铁器75件。

陶器　10件。

鼎　1件。Cb型Ⅱ式。

标本 M23:10，夹砂黑衣陶，黄褐胎。腹施凸弦纹1周。敛口，内斜折沿，方唇，腹微外弧，上腹附加2对称方耳，下腹附加3兽蹄形足，圜底近平。分制，火候一般。口径17.2、高20厘米（图一二:1，图版三六）。

盒　1件。B型。

标本 M23:7，夹砂黑陶，红褐胎。盖下腹、身上腹各施凹弦纹2道。盖矮圈足捉手，弧腹，母口，斜方唇，口径21.6、足径11.6、高7.6厘米。身子口，内折沿上翘，圆唇，鼓腹，矮圈足，修复，口径17、足径10.6、高10.2厘米。盖、身分别轮制，火候一般（图一二:2，图版三七）。

高领壶　1件。

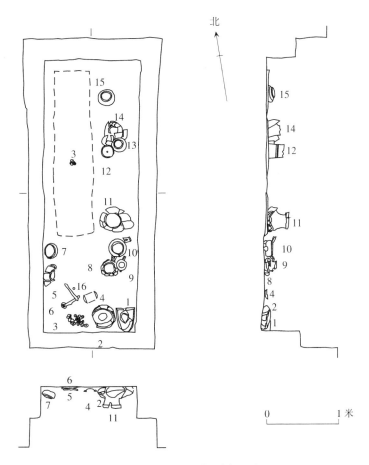

图一一　M23 平、剖面图

1. 陶灶　2. 陶盆　3. 铜钱　4. 铜耳杯扣　5. 铁剑　6. 铁削　7. 陶盒　8. 陶釜　9. 铜鐎斗
10. 陶鼎　11. 陶高领壶　12. 陶井　13～15. 陶罐　16. 铜指环

标本 M23:11，夹砂磨光黑皮陶，未修复。

深腹罐　1 件。

标本 M23:13，夹砂灰褐陶，黄褐胎。侈口，卷沿，圆唇，矮直领，圆折肩，鼓上腹，平底，修复。轮制，火候一般。口径 14.4、底径 16、高 25.6 厘米（图一二:3，图版三八）。

卷沿罐　2 件。Ⅰ式。

标本 M23:14，夹砂灰陶，局部灰褐。肩部施凹弦纹 2 道。侈口，卷沿，圆唇，弧肩，鼓腹，平底。修复。轮制，火候一般。口径 13.2、底径 10.4、高 14 厘米（图一二:4，图版三九）。标本 M23:15，夹砂灰陶。肩施细凹弦纹 3 道。侈口，卷沿，圆唇，圆肩，鼓腹，平底，完整。轮制，火候较高。口径 13.6、底径 11.2、高 14 厘米（图一二:5，图版四〇）。

罐形釜　1 件。B 型Ⅱ式。

标本 M23:8，夹砂灰褐陶，局部黄褐。腹施竖绳纹。侈口，卷沿，圆唇，鼓腹，圜底，修复。轮制，火候一般。口径 13.6、高 8.5 厘米（图一二:6）。

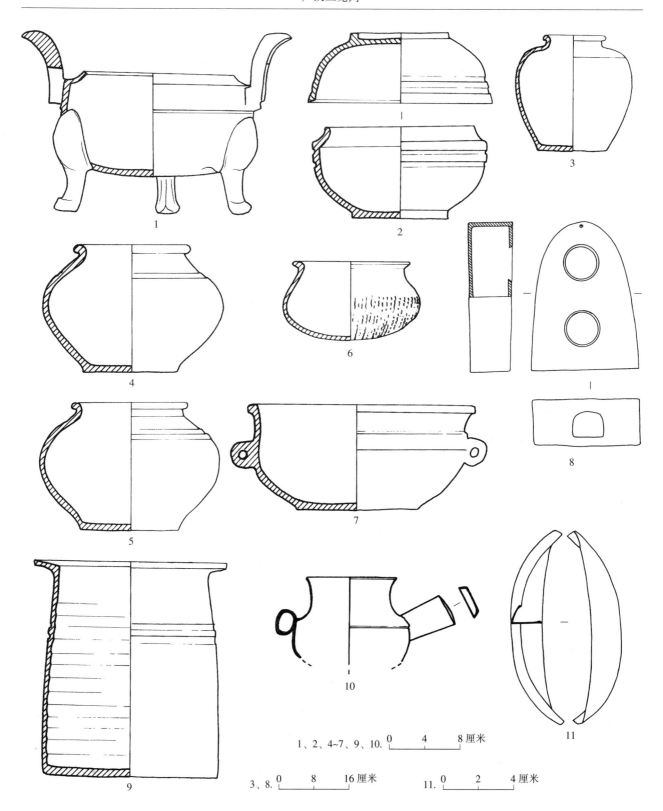

图一二　M23 出土器物

1. CbⅡ式陶鼎（M23:10）　2. B 型陶盒（M23:7）　3. 陶深腹罐（M23:13）　4、5. Ⅰ式陶卷沿罐（M23:14、15）6. BⅡ式陶罐形釜（M23:8）　7. B 型陶盆（M23:2）　8. Ⅰ式陶灶（M23:1）　9. AⅠ式陶井（M23:12）　10. 铜镰斗（M23:9）　11. 铜耳杯扣（M23:4）

盆　1 件。B 型。

标本 M23∶2，夹砂灰褐陶，黄褐胎。上腹饰横窄带红彩绘，内壁、底多红彩。口微侈，窄平折沿，圆唇，上腹折内束，中腹附加 2 对称竖环形耳，下腹弧内收，平底，修复。身、耳分制，火候一般。口径 25.6、底径 13.6、高 11.6 厘米（图一二∶7，图版四一）。

灶　1 件。Ⅰ 式。

标本 M23∶1，夹砂灰陶，局部黄褐。素面。灶面呈半椭圆形，上端圆、下端直，中近端部做烟道小孔，中部置 2 灶孔，下端中部置近半圆形灶门，纵、横剖面为长方形，修复。手制，火候一般。长 32.8、宽 24.4、厚 10 厘米（图一二∶8，图版四二）。

井　1 件。A 型 Ⅰ 式。

标本 M23∶12，夹砂灰褐陶，局部黄褐。上腹施粗凹弦纹 2 道，内壁多轮制痕。侈口，折沿近平、较宽，圆唇，腹外弧斜，平底，修复。轮制，火候一般。口径 22、底径 20、高 23.6 厘米（图一二∶9，图版四三）。

铜器　65 件。有镳斗、耳杯、环和半两钱四类，以"半两"数量最多。

镳斗　1 件。

标本 M23∶9，青铜，锈蚀严重。肩施凸弦纹 1 道。侈口，卷沿，束颈，斜肩，肩部附加对称竖环耳和扁梯形鋬，鼓腹，圜底近平，修复。分铸。口径 10、高 10.4 厘米（图一二∶10，图版四四）。

耳杯扣　1 件。

标本 M23∶4，质青铜，表面鎏金，锈蚀。残剩 2 耳扣，平面呈月牙形，长 10.5、最宽 1.6、高 1.1 厘米（图一二∶11，图版四五）。

指环　1 件。

标本 M23∶16，青铜，锈蚀严重。

"半两"　约 60 枚。

标本 M23∶3，青铜，锈蚀严重，模糊可辨为"半两"。

铁器　2 件。

剑　1 件。

标本 M23∶5，锈蚀严重，只剩残段。

削　1 件。

标本 M23∶6，锈蚀严重，残存环首局部。

3. M36

层位关系　1—M36→2。

墓葬形制　近长方形竖穴土坑墓，墓口呈不规则长方形，西壁较直，其他三壁略弧；墓底为规则长方形。墓向 18 度。墓口长 490、宽 240、墓底长 420、宽 204、墓坑深 154 厘米。坑底长宽比 2.1∶1。坑壁斜度两侧壁 67、头端脚底壁 81 度。墓底平。坑内填五花土（图一三，图版四六）。

葬具　已腐朽，残存炭化痕迹。长 174、宽 56 厘米，长宽比 3.1∶1。

人骨架　1 具，腐朽严重，仅残存牙齿 2 枚。

随葬品　出土陶、铜器 16 件。

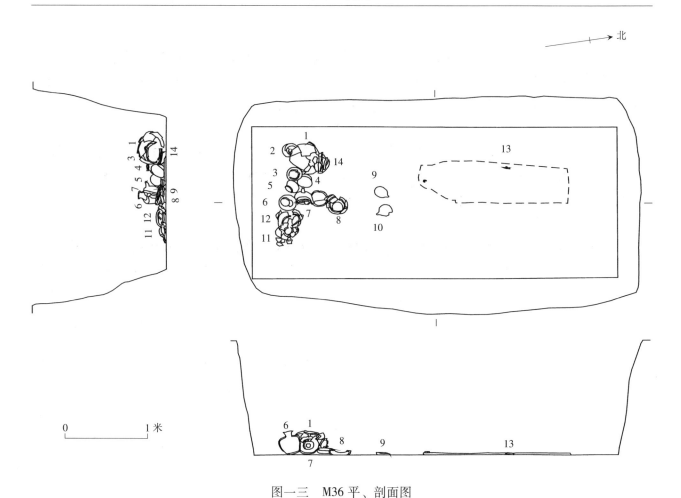

北

0　　　　1 米

图一三　M36 平、剖面图

1. 陶瓮　2~5. 陶釜　6. 陶高领罐　7、12. 陶镳壶　8. 陶盒　9、10. 铜匜　11. 陶罐　13. 铜带钩　14. 铜盆

陶器　12 件。

镳壶　2 件。

标本 M36:7，夹砂黄褐陶，局部灰褐，红褐胎。耳施竖椭圆形穿。敛口，沿内斜，圆唇，斜肩，肩部附加 2 对称长方形耳，弧腹，下腹附加 3 兽蹄形足，圜底，修复。分制，火候一般。口径16.8、高 22.4 厘米（图一四:1，图版四七）。标本 M36:12，夹砂黄褐陶，局部灰黑。耳上施竖长方形穿；肩、上腹残留红彩，图案不清。敛口，内卷沿，方唇，斜肩，肩部附加 2 对称长条形耳，弧腹，圜底，下腹附加 3 变形兽蹄形足，修复。分制，火候一般。口径 18.8、高 24.8 厘米（图一四:2，图版四八）。

壶　1 件。

标本 M36:16，残剩壶盖，覆盏形，盖顶附加 3 钮，弧顶、壁，敞口，方唇，修复。分制，火候一般。口径 11.2、高 4 厘米（图一四:3）。

盒　2 件。1 件可分型、式。

A 型 Ⅱ 式　1 件。

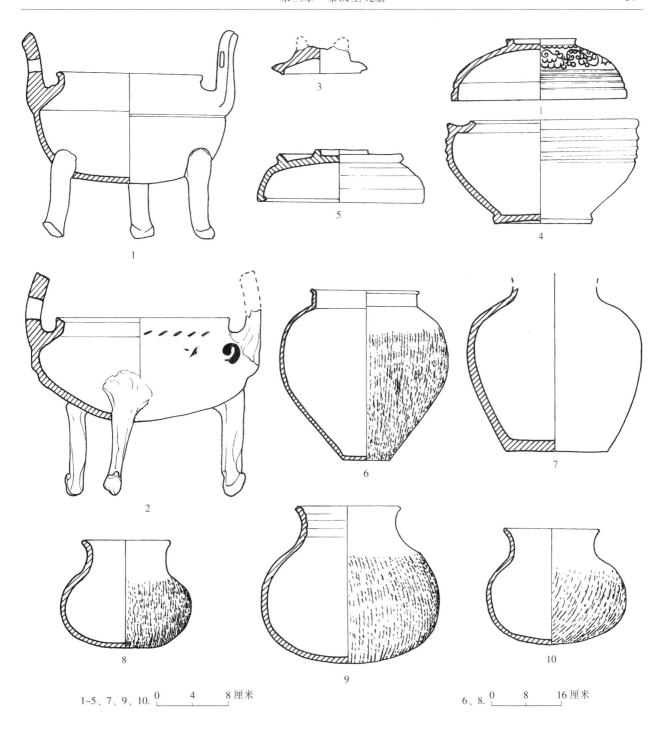

图一四　M36 出土陶器

1、2 鍪壶（M36：7、12）　3. 壶盖（M36：16）　4. A Ⅱ式盒（M36：8）　5. 盒盖（M36：15）　6. A Ⅱ式瓮（M36：1）

7. 高领罐（M36：6）　8. A Ⅰ式罐形釜（M36：3）　9、10. B Ⅰ式罐形釜（M36：2、4）

标本 M36：8，夹砂灰陶。盖、上腹施凹弦纹；盖饰红色彩绘，圈带和勾连纹。盖为覆圈足盘形，矮圈足形捉手，弧壁，敞口，方唇；身敛口，内斜折沿，方唇、唇面微凹，鼓腹，下腹斜弧收，直矮圈足，修复。分制，火候较高。口径20、足径11.6、高18厘米（图一四:4，图版四九）。

标本 M36:15，残剩盒盖，夹砂黑褐陶，红胎。外壁施凹弦纹4道。双圈足形捉手，弧壁，沿内卷，圆尖唇，轮制，火候不高。口径18.4、高6厘米（图一四:5）。

瓮　1件。A型Ⅱ式。

标本 M36:1，夹砂灰黄陶，局部灰黑。腹施竖绳纹。侈口，窄折沿，圆唇，矮直领，窄斜肩，鼓腹，下腹斜收，小平底，修复。轮制，火候一般。口径25.6、底径11.2、高37.6厘米（图一四:6，图版五〇）。

高领罐　1件。

标本 M36:6，夹砂红褐陶，素面。领及以上残，圆肩，鼓腹，平底。轮制，火候一般。底径11.6、残高18.4厘米（图一四:7，图版五一）。

罐　1件。

标本 M36:11，未修复。

罐形釜　4件。3件可分型、式。

A型　1件。Ⅰ式。

标本 M36:3，夹砂红褐陶，局部褐，红胎。腹、底施竖绳纹。侈口，卷沿，圆唇，束颈，窄肩，鼓腹，圜底较平，修复。轮制，火候不高。口径19.2、高22.8厘米（图一四:8，图版五二）。

B型　2件。Ⅰ式。

标本 M36:2，夹砂黄褐陶，局部灰褐。腹、底施竖绳纹，内颈多旋痕。侈口，卷沿，圆唇，束颈，鼓腹，圜底，修复。轮制，火候一般。口径11.6、高17.6厘米（图一四:9，图版五三）。标本 M36:4，夹砂黑褐陶，红胎。腹、底施竖绳纹。侈口，卷沿，圆唇，束颈，鼓腹，圜底，修复。轮制，火候不高。口径10.8、高12.8厘米（图一四:10，图版五四）。

铜器　4件。

盆　1件。

标本 M36:14，青铜，锈蚀严重，残剩约半，无法起取。

匜　2件。

标本 M36:9，青铜，锈蚀严重，仅剩残片。标本 M36:10，青铜，锈蚀严重，仅存残片。

带钩　1件。

标本 M36:13，青铜，锈蚀严重。

4. M42

层位关系　1—M42→生土。

墓葬形制　近长方形竖穴土坑墓，残存两侧和一端壁不甚规整。墓向225度。墓口残长520、宽620、墓底残长470、宽570、墓坑深110厘米。坑壁斜弧，斜度约60度。坑底较平，坑内填灰褐五花土（图一五）。

葬具　腐朽。残存局部炭化痕迹。

人骨架　2具，腐朽。从残存痕迹看，葬式仰身直肢，头向135度，面向上。

随葬品　陶、铜、铁器149件。

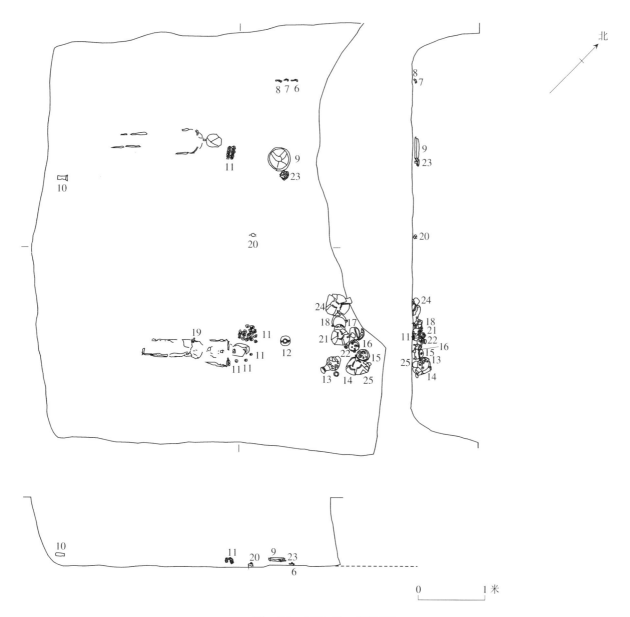

图一五　M42 平、剖面图

1. 铜钫　2. 铜鼎　3. 铜釜　4. 铜鼎盖　5、23. 陶豆　6~8. 铜带钩　9. 铜盆　10. 铁斧　11. 铜"半两"　12. 铜鍪　13. 彩绘陶壶　14、24. 陶瓮　15~18. 陶鼎　19. 玉？饰件　20、22. 铜环形饰　21. 陶罐、25. 陶釜　（1~5 被施工方取出，26、27 为修复时加号）

陶器　13 件。

鼎　4 件。

Ca 型　1 件。

标本 M42:16，夹细砂灰褐陶，局部灰黑。鼎盖施凹弦纹 3 周；盖、耳、腹、足外侧饰红、白色彩绘。盖中心绘花蕊纹，其外绘勾连纹 3 组，再外绘红、白相间勾连纹 8 组，外沿、上腹绘短斜带纹，耳外侧绘"V"形纹，腹绘红、白相间勾连纹 2 层，其间间以横白带纹，足外侧上绘勾连、下绘 2

"人"字形纹。盖覆钵形，弧顶，敞口，方唇；鼎身敛口，方唇，微鼓腹，上腹附加对称方形耳，下腹附加较高3兽蹄形足，圜底，修复。分制，火候一般。口径16.2、高16.8厘米（图版五五）。

Cb型　3件。Ⅰ式。

标本M42:15，夹细砂灰褐陶，局部灰黑。鼎盖施凹弦纹3周；盖、腹、足根饰红、白彩绘。盖中部绘花蕊纹，其外绘勾连纹两圈，盖外沿、上腹绘短斜带纹，腹绘勾连纹两层，中间间以白横带形纹，足根绘勾连纹。盖覆钵形，弧顶，敞口，方唇；鼎身敛口，方唇，上腹附加对称双錾形耳，腹较直，圜底，三兽蹄形足，修复。分制，火候一般。口径16.2、高17.2厘米（图一六:1，图版五六）。标本M42:17，夹细砂灰黑陶，局部灰褐。盖施凹弦纹3周；盖、腹、足外侧饰红色彩绘。盖中心绘花蕊纹，其外绘勾连纹3组，再外绘勾连纹4组，间以短带形纹，外沿与上腹绘斜短带形纹，腹绘勾连纹2层，足外侧上绘勾连纹、下绘"人"字形纹。盖覆钵形，敞口，方唇；身敛口，直腹，上腹附加2对称錾形耳，圜底，下腹附加三兽蹄形足，修复。分制，火候一般。口径16.8、高18厘米（图一六:2，图版五七）。标本M42:18，夹细砂灰褐陶，局部灰黑。盖施凹弦纹3周；盖、腹、足根饰红、白色彩绘。盖中心绘花蕊纹，其外绘勾连纹3组，间以短带纹，外沿与上腹绘斜段带纹，腹绘勾连纹2层，足根绘勾连纹。盖覆钵形，弧顶，敞口，方唇；身敛口，微鼓腹，上腹附加2对称錾形耳、圜底，下腹附加三兽蹄形足，修复。分制，火候一般。口径15.4、高17.2厘米（图一六:3，图版五八）。

壶　1件。Ba型。

标本M42:13，夹砂灰褐陶。颈下部、肩部、下腹各施凹弦纹2道；·盖及下腹凹弦纹间施彩绘。盖顶中部绘花蕊纹、3钮间绘勾连卷云纹、3钮及卷云纹间绘3窄带形纹；外沿绘斜带形纹，颈绘"V"形纹，颈下部和肩部上凹弦纹土红彩；肩部附耳绘竖形窄带纹将肩部分为两部分，绘红、白勾连纹2组；腹绘红、白相间勾连卷云纹。盖为覆钵形，弧顶，附加3钮，子母口，壶身盘口，微束颈，肩部附加对称双耳，溜肩，鼓腹，假圈足、平底，身、盖、钮、耳分制，火候较高。口径13.2、底径13.5、高28厘米（图一六:4，图版五九）。

瓮　2件。A型Ⅰ式。

标本M42:14，夹砂灰褐陶。肩、腹拍印斜竖绳纹，内沿饰2道粗凹弦纹。口近直，中直领，鼓肩，鼓腹，下腹弧收，平底，修复。轮制，火候较高。口径28.8、底径14.4、高45.6厘米（图一六:5，图版六〇）。标本M42:24，夹砂灰黑陶，局部灰褐。肩、腹部施斜竖绳纹。口近直，中领、微斜直，略呈"八"字形，圆肩，鼓腹，下腹急收，小平底，修复。轮制，火候较高。口径25.6、底径10.4、高37厘米（图版六一）。

矮领罐　1件。

标本M42:21，夹细砂黑陶，局部灰黑。肩、腹施斜竖绳纹。直口，微有沿，尖唇，矮直领，圆肩，鼓腹，平底，轮制，火候一般。口径15、底径12、高22厘米（图一六:6，图版六二）。

罐形釜　3件。

A型　1件。Ⅰ式。

标本M42:27，夹砂灰陶，局部灰褐。腹、底施竖绳纹。侈口，卷沿，圆唇，窄斜肩，鼓腹，圜底，修复。轮制，火候较高。口径13.1、高18厘米（图一七:1，图版六三）。

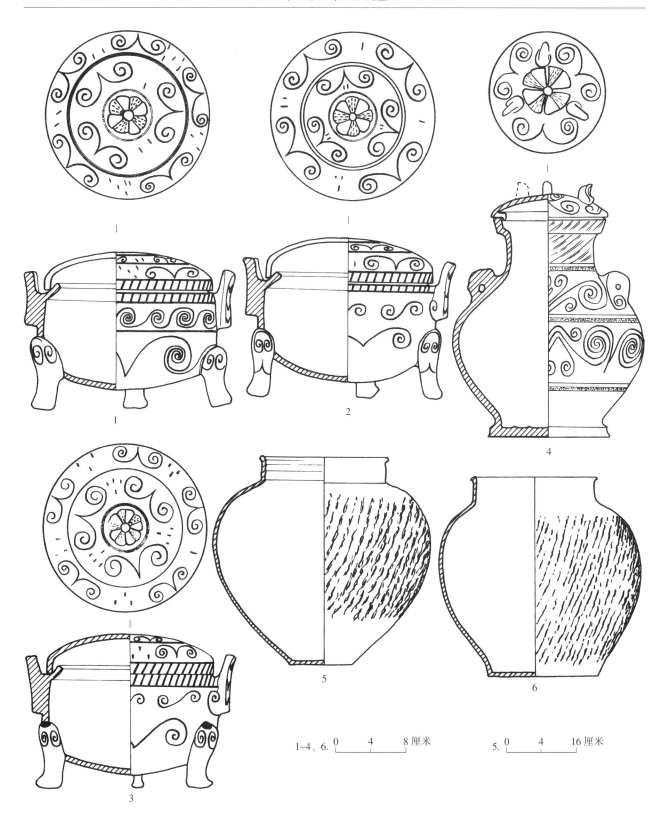

图一六　M42 出土陶器（一）

1～3. Cb Ⅰ 式鼎（M42:15、17、18）　4. Ba 型壶（M42:13）　5. A Ⅰ 式瓮（M42:14）　6. 矮领罐（M42:21）

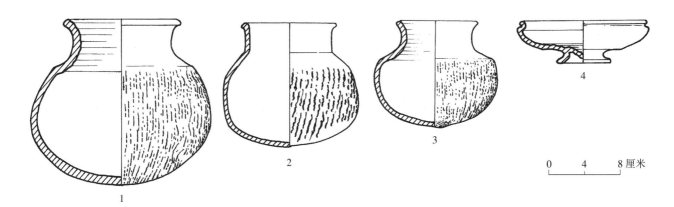

图一七　M42 出土陶器（二）

1. A I 式罐形釜（M42:27）　2、3. B I 式罐形釜（M42:25、26）　4. 豆（M42:5）

B 型　2 件。I 式。

标本 M42:25，夹砂灰褐陶，局部灰。腹、底施竖绳纹。侈口，卷沿，圆唇，束颈，窄肩，鼓腹，圜底，完整。轮制，火候较高。口径 10.4、高 13.2 厘米（图一七:2，图版六四）。标本 M42:26，夹细砂灰褐陶，局部灰。腹、底施竖绳纹。侈口，卷沿，圆唇，束颈，窄斜肩，鼓腹，圜底，修复。轮制，火候较高。口径 9.6、高 11.4 厘米（图一七:3，图版六五）。

豆　2 件。

标本 M42:5，夹细砂灰黑陶，局部灰褐。素面。侈口，圆唇，外沿下有凹槽一周，弧腹，小矮圈足，修复。轮制，火候一般。口径 14.6、足径 6.1、高 5.2 厘米（图一七:4，图版六六）。标本 M42:23，未修复。

玉石器　1 件。

玉饰　1 件。

标本 M42:19，未修复。

铜器　134 件。

鼎　2 件（登记表上只有 1 件，整理时发现鼎足大小不一，可分为 2 个个体）。

I 式　1 件。

标本 M42:2 - 1、2、3，青铜，锈蚀严重。残甚，存鼎身口沿、方形附耳、兽蹄形足（图一八:1、2、3，图版六七—中、右上、左）。标本 M42:4，青铜，锈蚀。残存鼎盖，覆钵形，盖鼎三钮，弧顶，敞口，方唇。口径 26.4、高 5.6 厘米（图一八:4，图版六八）。

II 式　1 件。

标本 M42:2 - 4，青铜，锈蚀严重。残存鼎足，较小。高 8 厘米（图一八:5，参见图版六七—右下）。

钫　1 件。I 式。

标本 M42:1，青铜，锈蚀。侈口，外沿较窄，方唇，束颈，鼓腹，上腹附加 2 对称铺首衔环，圈足较高、外斜直，修复。分铸。口径 12.2、足径 13.6、高 37.4 厘米（图一八:6，图版六九）。

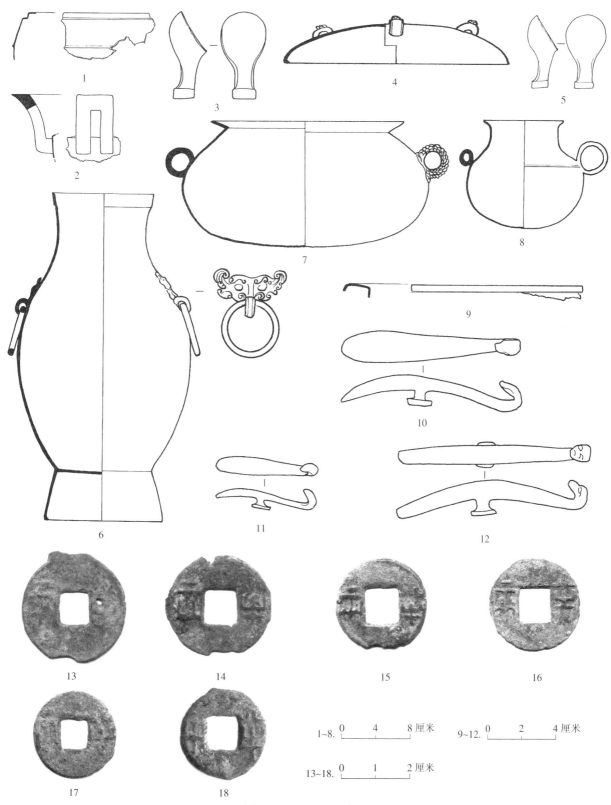

图一八　M42 出土铜器

1~4. I 式鼎（M42:2-1、2-2、2-3、4）　5. II 式鼎足（M42:2-4）　6. I 式钫（M42:1）　7. 釜（M42:3）　8. 鍪（M42:12）
9. 盆（M42:9）　10、11. B 型带钩（M42:6、7）　12. A 型带钩（M42:8）　13、14. A 型"半两"（M42:11-1、11-2）
15、16. B 型"半两"（M42:11-3、11-4）　17、18. C 型"半两"（M42:11-5、11-6）

釜　1件。

标本 M42：3，锈蚀严重。腹施凸弦纹 1 周，耳饰麦穗纹，薄胎，耳侧有范铸痕。侈口，斜折沿，鼓腹，上腹附加 2 对称竖环耳，圜底，修复。分制。口径 22.8、高 16 厘米（图一八：7，图版七〇）。

鍪　1件。

标本 M42：12，锈蚀。肩、腹相交处施凸弦纹一周，大耳中部饰麦穗形纹。侈口，卷沿，尖圆唇，颈较斜直，窄溜肩，肩、腹相交部附加 2 对称一大、一小竖耳，鼓腹，圜底，完整。范铸、分制。口径 9.6、高 12.4 厘米（图一八：8，图版七一）。

盆　1件。

标本 M42：9，青铜，锈蚀严重。侈口，卷平沿、较窄，沿外下卷，圆唇，可见鼓腹趋势，残。残宽 10 厘米（图一八：9，图版七二）。

带钩　3件。分二型。

A 型　1件。

标本 M42：8，锈蚀。略呈螳螂形，兽头形弯钩，近圆柱形身，圆形扣、较矮圆形柱，完整。范铸。长 11.1、最大径 1 厘米（图一八：12，图版七五）。

B 型　2件。

标本 M42：6，锈蚀。略呈蝉形，兽头形弯钩，圆形扣、较矮圆形柱，完整。范铸。长 10.4、最宽 1.7 厘米（图一八：10，图版七三）。标本 M42：7，锈蚀。略呈蝉形，兽头弯钩，圆尾，圆形扣、较矮圆形柱。完整。长 6 厘米（图一八：11，图版七四）。

环　2件。

标本 M42：20、22，青铜，锈蚀严重。

"半两"　123 枚。据钱径大小分三型。

A 型　13 枚。无内、外郭，钱径 3～3.1、穿径 0.9～1 厘米，重 4 克。

标本 M42：11－1，钱呈不规则圆形，穿较方，钱文模糊直径 3、穿径 0.9 厘米，重 4 克（图一八：13）。标本 M42：11－2，钱呈不规则圆形，穿较方，"两"字长"人"，直径 3.1、穿径 0.9 厘米，重 4 克（图一八：14）。

B 型　97 枚。无内、外郭，钱径 2.6～2.7、穿径 0.8～1 厘米，重 2～5 克。

标本 M42：11－3，钱呈圆形，穿较方，"两"字短"人"。直径 2.7、穿径 1 厘米，重 4 克（图一八：15）。标本 M42：11－4，钱较圆，方穿，钱文较模糊直径 2.6、穿径 0.9 厘米，重 2 克（图一八：16）。

C 型　13 枚。无内、外郭，钱径 2.2～2.5、穿径 0.8～0.9 厘米，重 2～3 克。

标本 M42：11－5，钱呈圆形，穿较方，钱文模糊。直径 2.4、穿径 0.8 厘米，重 2 克（图一八：17）。标本 M42：11－6，不规则圆形，穿较方，"两"字模糊。直径 2.5、穿径 0.9 厘米，重 3 克（图一八：18）。

铁器　1件。

斧　1件。

标本 M42：10，锈蚀严重。长梯形，圆角长方形銎，中锋，直刃、残，基本完整。模制。长16.6、上宽5.5、下宽7.2、最厚3.5 厘米（图版七六）。

5. M43

层位关系　M44→M43→生土。

墓葬形制　长方形竖穴土坑墓。墓向215 度。墓口长 400、宽 190、墓底长 390、宽 180、墓坑残深40~50 厘米。坑底长宽比2.2：1。坑壁斜度87 度，坑底较平，坑内填灰黑沙土（图一九）。

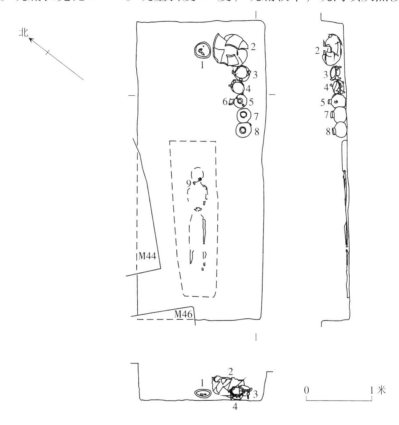

图一九　M43 平、剖面图

1. 铜盆　2. 陶瓮　3、4. 陶鼎　5. 陶壶　6. 陶盖　7、8. 陶釜　9. 铜饰件（柱状）

葬具　已腐朽，残存炭化痕迹。长 210、宽 70 厘米，长宽比 3：1。

人骨架　1 具，腐朽严重。从残存痕迹看，葬式仰身直肢，头向35 度，面向上。

随葬品　出土陶、铜器9 件。

陶器　7 件。

鼎　2 件。B 型。

标本 M43：3，夹细砂灰黑陶，局部灰褐。盖顶施凹弦纹两道，腹施凹弦纹两道。鼎盖覆盘形，弧顶，敞口，斜方唇；鼎身敛口，圆唇，上腹附加两对称錾形耳，圜底，下腹附加3 圆柱形足、外撇，修复。分制，火候一般。口径13.4、高15.2 厘米（图二〇：1，图版七七）。标本 M43：4，夹细砂灰褐陶，局部灰黑。鼎盖施凹弦纹 2 道，残留少量红彩绘；腹施凹弦纹 2 道。鼎盖覆盘形，弧顶，

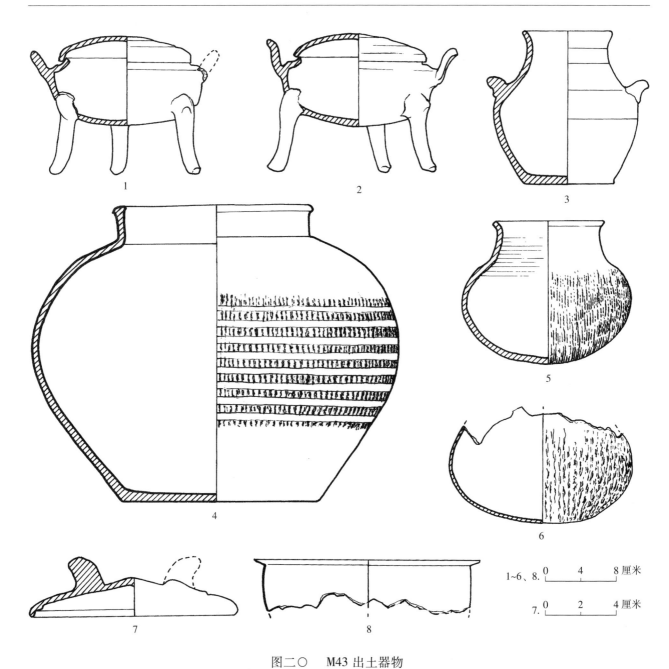

图二〇　　M43 出土器物

1、2. B 型陶鼎（M43:3、4）　3. Ab 型陶壶（M43:5）　4. B 型陶瓮（M43:2）

5. A I 式陶罐形釜（M43:7）　6. 陶罐形釜（M43:8）7. 陶盖（M43:6）　8. 铜盆（M43:1）

敞口，斜方唇；鼎身敛口，圆唇，微鼓腹，上腹附加两对称錾形耳，下腹附加三圆柱形足、外撇，圜底，修复。分制，火候一般。口径 14、高 14.8 厘米（图二〇:2，图版七八）。

壶　1 件。Ab 型。

标本 M43:5，夹细砂灰褐陶，局部灰黑。颈饰凹弦纹 2 道，肩、腹各施凹弦纹 1 道。侈口，圆唇，束颈，溜肩，肩部附加錾形耳，鼓腹，平底，修复。轮制，火候一般。口径 10.4、底径 9.6、高 16.8 厘米（图二〇:3，图版七九）。

瓮　1件。B 型。

标本 M43:2，夹砂灰褐陶，局部灰黑。上腹施抹断绳纹，下腹多横细划痕。侈口，圆唇，矮领，鼓上腹，下腹斜收，平底，修复。轮制，火候较高。口径 22.7、底径 22.2、高 32.2 厘米（图二〇:4，图版八〇）。

罐形釜　2件。1件可分型、式。A 型 I 式。

标本 M43:7，夹细砂灰褐陶，局部灰黑。腹、底施竖绳纹。侈口，领微束，窄斜肩，鼓腹，圜底，修复。轮制，火候一般。口径 12.8、高 16.8 厘米（图二〇:5，图版八一）。

标本 M43:8，陶质、陶色、纹饰同 M43:7，鼓腹，圜底，残。残高 12.8 厘米（图二〇:6）。

盖　1件。

标本 M43:6，为壶盖。夹细砂灰黑陶，红褐胎。素面。覆尖底盏形，顶部附加 3 扳形钮，敞口，圆唇，残。分制，火候一般。口径 12、高 3.2 厘米（图二〇:7，图版八二）。

铜器　2件。

盆　1件。

标本 M43:1，青铜，锈蚀，素面，内置骨骼。敞口，斜折沿、较窄，上腹近直，下腹弧收，残。口径 25.6、残高 5.6 厘米（图二〇:8，图版八三）。

饰件 1件。

标木 M43:9，青铜，锈蚀。柱状，长 1 厘米。

第三节　乙类墓

一　乙类墓的特点

乙类墓共 5 座（M12、M20、M22、M30、M40），发现有炭化葬具痕迹。葬具长 160 ~ 210、宽 66 ~ 130 厘米。

均为长方形竖穴土坑墓，以坑底计，长度在 330 ~ 530 厘米，宽度在 121 ~ 300 厘米。长宽比 2:1 以下的有 M12、M20、M30，2.7:1 的有 M22、M40。坑壁的斜度 M12、M20、M22、M30 为 90 度，M40 上斜下近直、上部斜度大，约 50 度。仅 M22 有熟土二层台。坑底都较平或平，距地表最浅 100、最深 220 厘米。

随葬品的组合形式有下列两种：一，都有磨光黑陶制作的高领壶或钫，或二者皆有；二，有 1 鼎或 2 鼎一套的陶礼器，种类比较齐全，一般有鼎、高领壶或蒜头壶、钫、罐、甑、盆、钵、器盖、灶、井等，同时，还多有铜、铁兵器或工具等。与甲类墓的区别是不出铜礼器。

二　墓葬分述

6. M12

层位关系　3－M12→生土。

墓葬形制　长方形竖穴土坑墓。墓向 355 度。墓口、墓底长 460、宽 300、残深 50 厘米，墓底长宽比 1.53：1，坑壁垂直于墓底呈 90 度。墓坑填黄黏土（图二一，图版八四）。

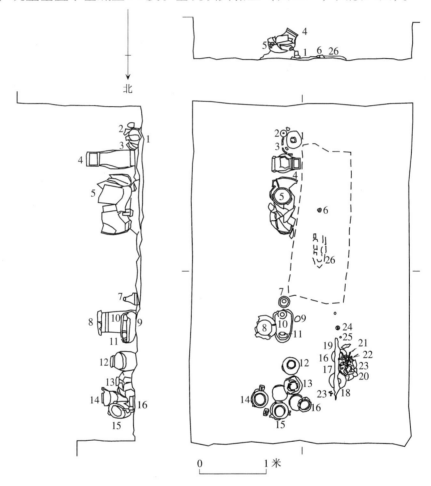

图二一　M12 平、剖面图

1. 磨石　2. 铜镜　3. 铁镰　4. 陶钫　5. 高领壶　6. "半两"　7. 陶甑　8. 陶井　9. 陶灶　10、11. 小陶罐

12、13、16~18、20. 陶罐　14、15. 陶鼎　19. 铁剑　21. 铜削　22. 铜带钩　23. 陶丸　24. 铜凸羊首饰　25. 铜泡钉　26. 铁铧

葬具　已炭化，长 200、宽 80 厘米。长宽比 2.5：1。

人骨架　腐朽无存。

随葬品　出土陶、石、铜、铁器共 28 件。

陶器　23 件。

鼎　2件。Cb型Ⅱ式。

标本 M12：14，夹砂灰黑陶，部分黄褐。上腹施凸弦纹 1 周。身敛口，沿内斜折，斜方唇，弧腹，上腹附加 2 对称方耳，下腹附加 3 兽蹄形足，圜平底，修复。分制，火候一般。口径 16.4、高 19.2 厘米（图二二：1，图版八五）。标本 M12：15，夹砂黄褐陶，局部灰褐。上腹施凸弦纹 1 周。敛口，沿内斜折，斜方唇，弧腹，上腹附加 2 对称方耳，下腹附加 3 兽蹄形足，圜平底，修复。分制，火候一般。口径 17.6、高 16 厘米（图二二：2，图版八六）。

高领壶　1件。Aa型Ⅱ式。

标本 M12：5，夹砂灰黑陶，局部灰褐，器表磨光。肩、腹各施凹弦纹 2 周。侈口，斜方唇，领外弧、略呈倒"八"字形，圆肩，肩部附加 2 对称铺首，鼓腹，圜底，圈足较高，外撇后外斜收，修复。分制，火候一般。口径 23.2、足径 22、高 52 厘米（图二二：3，图版八七）。

钫 1件。Ⅱ式。

标本 M12：4，夹砂黑皮陶，灰褐胎。上腹有竖划痕。方侈口，外沿较宽，方唇，鼓腹，残。分制，火候一般。口径 14.8、残高 20.3 厘米（图二二：4）。

卷沿罐 5件。Ⅰ式。

标本 M12：12，夹砂黄褐陶，局部黑、灰褐。肩下部施凸弦纹 2 周。侈口，卷沿，圆唇，矮颈，圆肩，鼓腹，下腹弧内收，平底，完整。轮制，火候一般。口径 10.8、底径 10.4、高 14.8 厘米（图二二：5，图版八八）。标本 M12：17，夹砂黑衣陶，黄褐胎。肩施凸弦纹 2 周。侈口，卷沿，圆唇，矮颈，圆肩，鼓腹，弧内收，平底，完整。轮制，火候一般。口径 11.4、底径 12.4、高 15.6 厘米（图二二：6，图版八九）。标本 M12：20，夹砂黄褐陶，局部黑。肩施凸弦纹 2 周。侈口，卷沿，圆唇，圆肩，鼓腹，平底，修复。轮制，火候一般。口径 12、底径 12、高 16.8 厘米（图二二：7，图版九〇）。

鼓腹罐　1件。

标本 M12：16，夹砂灰褐陶，局部褐。素面，颈、肩部多划痕。侈口，卷沿，圆唇，束颈，鼓肩，腹弧收，平底，修复。轮制，火候一般。口径 14.4、底径 8.8、高 11.6 厘米（图二二：8，图版九一）。

小罐　2件。

标本 M12：10，夹砂灰黑陶，素面。口微敛，矮沿微内斜，圆唇，圆肩，腹内斜弧，底微凹，完整。轮制，火候一般。口径 4.8、底径 5.2、高 5.8 厘米（图二三：1，图版九二）。标本 M12：11，夹砂黄褐陶，局部红褐。素面。口微侈，矮沿微外斜，圆肩，腹弧内收，平底，完整。轮制，火候一般。口径 7.2、底径 5.6、高 5.2 厘米（图二三：2，图版九三）。

甑 1件。Ⅱ式。

标本 M12：7，夹砂黄褐陶，局部灰褐。上腹施凹弦纹 1~3 周，底施外向里圆形穿。敞口，沿外下折，圆尖唇，弧腹，平底，修复。轮制，火候较高。口径 12.8、底径 4.4、高 7.6 厘米（图二三：3，图版九四）。

灶　1件。Ⅰ式。

标本 M12：9，夹砂灰黑陶，未修复。

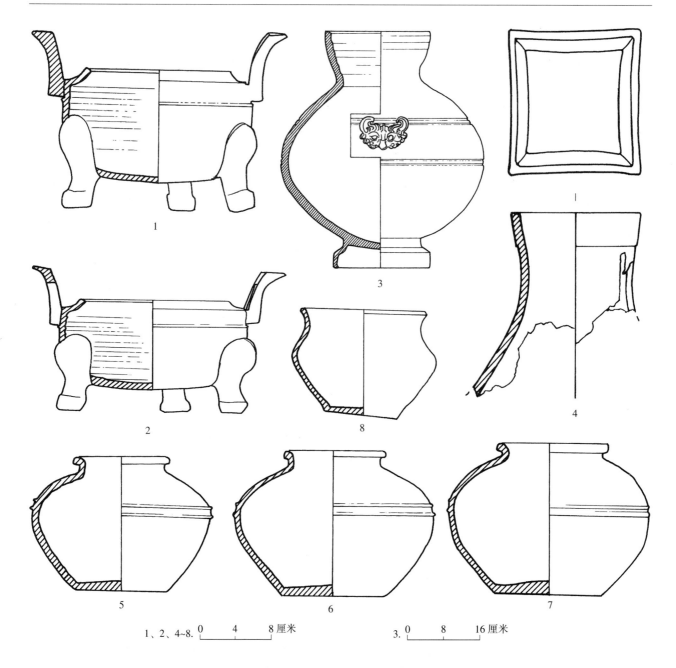

1、2. 4~8. 0　　4　　8厘米　　　　　3. 0　　8　　16厘米

图二二　M12 出土陶器

1、2. Cb Ⅱ式鼎（M12：14、15）　3. Aa Ⅱ式高领壶（M12：5）

4. Ⅱ式钫（M12：4）　5~7. Ⅰ式卷沿罐（M12：12、17、20）　8. 鼓腹罐（M12：16）

井　1件。A型Ⅱ式。

标本 M12：8，夹砂黑陶，局部灰褐、黄褐。上腹施粗凸弦纹 2 周。侈口，较宽近平折沿，方唇，腹外弧收，平底，修复。轮制，火候一般。口径 26.8、底径 26、高 25.2 厘米（图二三：4，图版九五）。

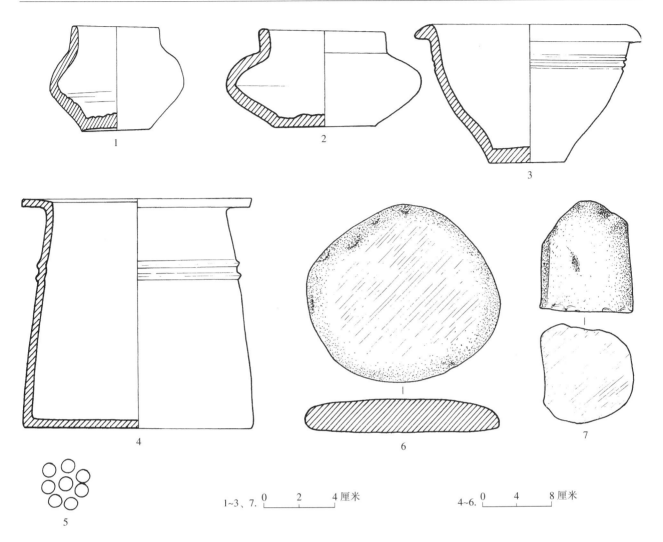

图二三　M12 出土陶、石器

1、2. 陶小罐（M12：10、11）　3. Ⅱ式陶甑（M12：7）　4. AⅡ式陶井（M12：8）
5. 陶丸（M12：23）　6. 石磨盘（M12：1－1）　7. 石磨棒（M12：1－2）

丸　8件。

标本 M12：23，泥质灰褐陶，素面。丸状，直径 1.4～1.6 厘米（图二三：5）。

石器　2件。

磨盘　1件。

标本 M12：1－1，为黄褐色、褐色扁平砾石，平面近不规则圆形，正面多碾磨痕，完整。直径
22、厚 3.6 厘米（图二三：6，图版九六）。

磨棒　1件。

标本 M12：1－2，为青灰色杵状砾石，近四棱形，顶端弧突，底端平、滑，完整。长 6.1、直径
约 4.8 厘米（图二三：7，图版九七）。

铜器　7件。

铜削 1件。

标本 M12:21，青铜，锈蚀。身长条形，环首。分制。残长21厘米。

镜 1件。

标本 M12:2，青铜，锈蚀。背饰重环变形四叶纹。圆形，面平，窄三角缘，背中部有弓形钮，修复。直径6.2、缘厚0.2厘米（图二四:1，图版九八）。

带钩 1件。B型。

标本 M12:22，青铜，锈蚀。钩面错银菱形几何形纹及箆点纹和卷云纹，整体略呈蝉形，兽首回弯，蝉身，矮圆形柱、椭圆形托，完整。范铸。长9.8、最宽2.1厘米（图二四:2，图版九九）。

饰件 1件。

标本 M12:24，青铜，锈蚀。鎏金、泛银辉。蘑菇形，顶面凸塑蹲坐羊形，背有圆锥形矮柱，完整。范铸。直径3.2、高2厘米（图二四:3，图版一〇〇）。

泡钉 2件。

标本 M12:25-1，青铜，锈蚀，镏金。蘑菇形，矮棱锥形柱，完整。范铸。直径1.6、高1.4厘米（图二四:4，图版一〇一）。标本 M12:25-2，同M25-1，唯棱锥形柱略残（图版一〇二）。

钱币 196件。呈串状，锈蚀、粘接在一起，部分可见穿钱麻绳。分二型。

B型 直径2.5~2.7厘米。数量较少。

标本 M12:6-1，"两"子长"人"，穿径0.8厘米，重3克（图二四:5）。标本 M12:6-2，有外郭，左两右半，"两"子"人"为一横。穿径0.8厘米，重3克（图二四:6）。标本 M12:6-3，两字短人，直径2.5、穿径0.8厘米，重3克（图二四:7）。

C型 直径2.2~2.4厘米。数量最多。

标本 M12:6-5，"两"字短"人"，直径2.4、穿径0.8厘米，重2克（图二四:8）。标本 M12:6-6，钱文不清，直径2.4、穿径0.9厘米（图二四:9）。标本 M12:6-8，"两"字"人"成一横。直径2.3、穿径0.7厘米，重2克（图二四:10）。标本 M12:6-9，"两"字"人"极短，直径2.3、穿径0.9厘米，重2克（图二四:11）。

铁器 3件。

剑 1件。

标本 M12:19，锈蚀严重。长条形，残长84厘米。

镰？ 1件。

标本 M12:3，锈蚀严重。略呈长条形，背厚刃薄，残。残长16.3、残宽2.8、背厚0.65厘米。

铧 1件。

标本 M12:26，锈蚀严重。犁形，残。残长46、宽18厘米（平面图参见图二一）。

7. M20

层位关系 2—M20→生土。

墓葬形制 长方形竖穴土坑墓。墓向182度。墓口及墓底长530、宽300、墓坑深90厘米。坑底长宽比1.77:1，坑壁垂直于坑底成90度。坑底平，坑内填黄黏土（图二五，图版一〇三）。

葬具 腐朽、残存炭化痕，残长160、宽130厘米。

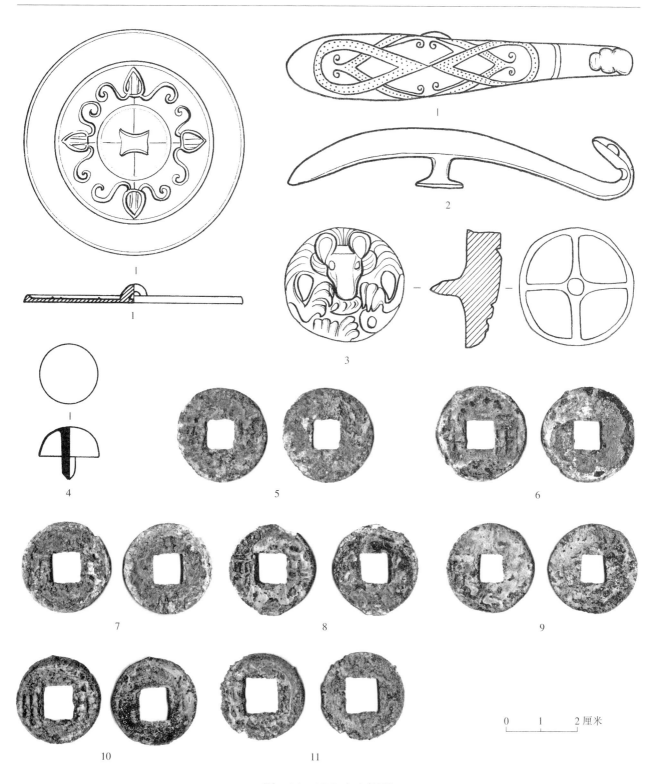

图二四　M12 出土铜器

1. 铜镜（M12:2）　　2. B 型铜带钩（M12:22）　　3. 铜饰件（M12:24）　　4. 铜泡钉（M12:25－1）

5～7. B 型"半两"（M12:6－1、6－2、6－3）8～11. C 型"半两"（M12:6－5、6－6、6－8、6－9）

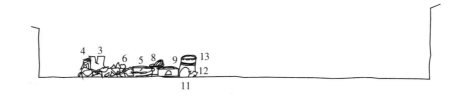

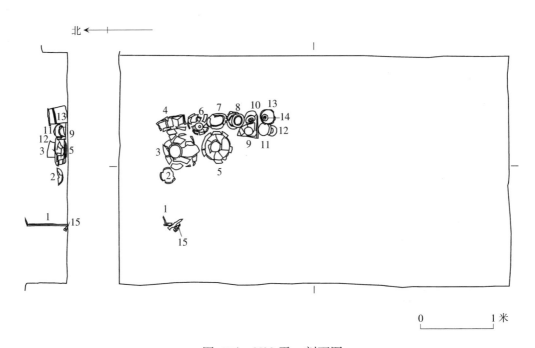

图二五　M20 平、剖面图

1. 铁刀　2、陶钵　3.陶高领壶　4. 陶钫　5. 陶盆　6.陶蒜头壶　7、8. 陶鼎　9.陶灶
10、14. 陶小罐　11. 陶釜　12. 陶甑　13. 陶井　15. 铜带钩

人骨架　腐朽无痕。

随葬品　随葬陶、铜、铁器 16 件。

陶器　14 件。

鼎　2 件。1 件可分型、式。

Cb 型Ⅱ式　1 件。

标本 M20:8，夹砂黄褐陶。上腹施凸弦纹 1 周。子母口，内斜折沿，斜方唇，弧腹，上腹附加 2 对称方耳，下腹附加 3 兽蹄形足，圜底近平，修复。分制，火候一般。口径 16.8、高 19.2 厘米（图二六:1，图版一〇四）。

高领壶　1 件。

标本 M20:3，夹砂磨光黑皮陶，肩施凹弦纹，口内下壁有红彩痕。未修复。

钫　1 件。

标本 M20:4，夹砂磨光黑皮陶。未修复。

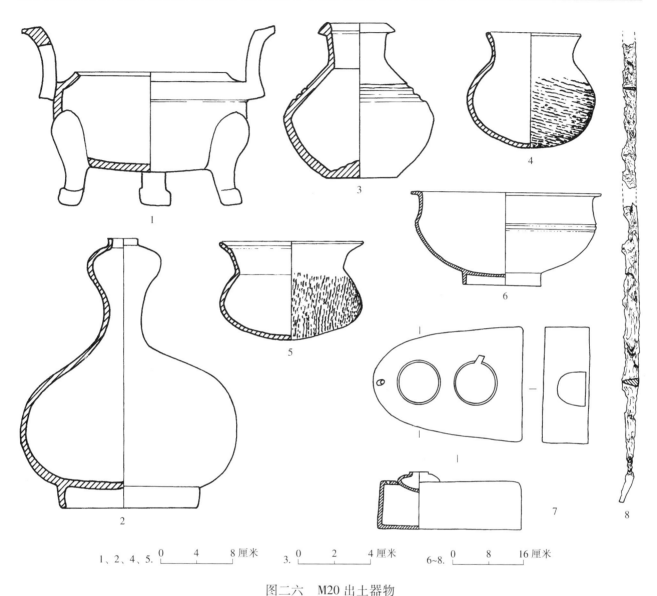

1、2、4、5. |0———4———8厘米|　　3. |0———2———4厘米|　　6~8. |0———8———16厘米|

图二六　M20出土器物

1. CbⅡ式陶鼎（M20:8）　2. Ⅲ式陶蒜头壶（M20:6）　3. 陶小罐（M20:14）　4. BⅡ式陶罐形釜（M20:11）
5. Ⅱ式陶盆形釜（M20:16）　6. CⅠ式陶盆（M20:5）　7. Ⅰ式陶灶（M20:9）　8. 铁刀（M20:1）

蒜头壶　1件。Ⅲ式。

标本M20:6，夹砂黄褐陶，局部灰褐。素面。直口，矮沿，方唇? 束颈，圆肩，鼓腹，圜平底，矮圈足、微内斜内束，修复。分制，火候一般。口径3.2、足径14.8、高29.2厘米（图二六:2，图版一〇五）

小罐　2件。

标本M20:14，夹砂灰褐陶。肩饰凹弦纹3周。侈口，沿外下折，圆尖唇，颈外斜呈倒"八"字形，斜肩，鼓腹，平底，完整。轮制，火候较高。口径4.2、底径4.6、高8.4厘米（图二六:3，图版一〇六）。

罐形釜　1件。B型Ⅱ式。

标本 M20：11，夹砂灰陶，局部红褐、黄褐。腹、底施右下斜绳纹。侈口，卷沿，束颈，鼓腹，圜底，修复。轮制，火候一般。口径 10.8、高 12.4 厘米（图二六：4，图版一〇七）。

盆形釜　1件。Ⅱ式。

标本 M20：16，夹砂褐陶，局部黑褐、灰。腹、底施较细竖绳纹，内沿右凹槽一周。侈口，领外翻，圆唇，鼓下腹，圜底，修复。轮制，火候一般。口径 16、高 10.8 厘米（图二六：5，图版一〇八）。

盆　1件。C型Ⅰ式。

标本 M20：5，夹砂灰褐陶，局部褐，红褐胎。腹施凹弦纹 2 周，内壁多红彩、图案不明。口微侈，较宽微斜折沿，圆唇，折腹，上腹内束、下腹弧收，圜底，圈足较矮、直，修复。分制，火候一般。口径 42.8、足径 17.6、高 20 厘米（图二六：6，图版一〇九）。

钵　1件。

标本 M20：2，夹砂灰黑陶，未修复。

甑　1件。

标本 M20：12，夹砂灰褐陶，未修复。

灶　1件。Ⅰ式。

标本 M20：9，夹砂黄褐陶。素面。灶面略呈半椭圆形，上端圆、下端直，上部置小烟道，中部置 2 灶孔，上置小陶釜；下端中部置半圆形火门。纵、横剖面为长方形。手制，火候一般。长 32、宽 24.8、厚 10.4 厘米（图二六：7，图版一一〇）。

井　1件。B型。

标本 M20：13，夹砂黑皮陶，红褐胎。上腹施粗凹弦纹 2 周，下腹多短竖划痕，内壁多旋痕。侈口，斜折沿，腹外斜直，平底，沿、唇残。底径 19.4、残高 20.9 厘米（图版一一一）。

铜器　1件。

带钩　1件。

标本 M20：15，青铜，锈蚀严重。

铁器　1件。

刀　1件。

标本 M20：1，锈蚀严重。长条形，分身、茎两部分，刀身背厚刃薄，茎扁条形。长约 100、残最宽 3.8、最厚 2.2 厘米（图二六：8，图版一一二）。

8. M22

层位关系　2—M22→生土。

墓葬形制长方形竖穴土坑墓。墓向 270 度。墓口长 430、宽 280、墓底长 350、宽 130 厘米，墓坑残深 20 厘米。坑底长宽比 2.7：1。墓壁垂直于墓底呈 90 度。墓底四周有熟土二层台，两侧和脚端较宽，头部窄。南侧宽 70、北侧宽 86、脚端宽 50、头端宽 20、高 20～12（头—脚端）厘米。墓坑内填黄黏土（图二七，图版一一三、一一四）。

葬具腐朽，残存炭化痕迹，长 210、宽 70 厘米，长宽比 3：1。

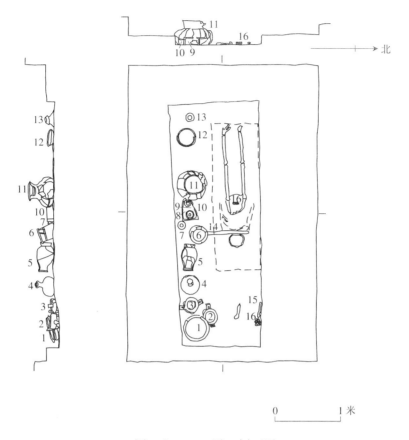

图二七　M22 平、剖面图

1. 陶盆　2、3. 陶鼎　4. 陶蒜头壶　5. 陶钫　6. 陶井　7、9. 陶小罐　13. 陶罐
8. 陶甑　10. 陶灶　11. 陶高领壶　12. 陶器盖　14. 铁剑　15. 铁器　16. 铜钱币

人骨架　1 具，已腐朽。从残存痕迹看为仰身直肢葬，脚掌右斜。

随葬品　出土陶、铜、铁器 16 件。

陶器　13 件。

鼎　2 件。Cb 型 I 式。

标本 M22:2，夹砂黄褐陶，局部灰褐。耳下施凸弦纹一周。敛口，内折沿，方唇，腹较直，上腹附加 2 对称方耳，下腹附加 3 兽蹄形足，圜底，分制，火候一般。口径 17.4、高 18 厘米（图二八:1，图版一一五）。标本 M22:3，夹砂黑衣陶，黄褐胎。上腹施凸弦纹一周。敛口，内斜折沿，方唇，鼓腹，上腹附加 2 对称方耳，下腹附加 3 兽蹄形足，圜底，分制。火候一般。口径 18.4、高 18.4 厘米（图二八:2，图版一一六）。

高领壶　1 件。Aa 型 I 式。

标本 M22:11，夹砂黑衣陶，局部灰褐，红褐胎。器表磨光，肩施粗凹弦纹 2 周，腹施粗凹弦纹一周，多轮旋痕迹。侈口，方唇，高领外斜，溜肩，鼓腹，较矮外斜圈足，修复。分制，火候一般。口径 20.8、足径 19.2、高 48 厘米（图二八:3，图版一一七）。

钫　1 件。II 式。

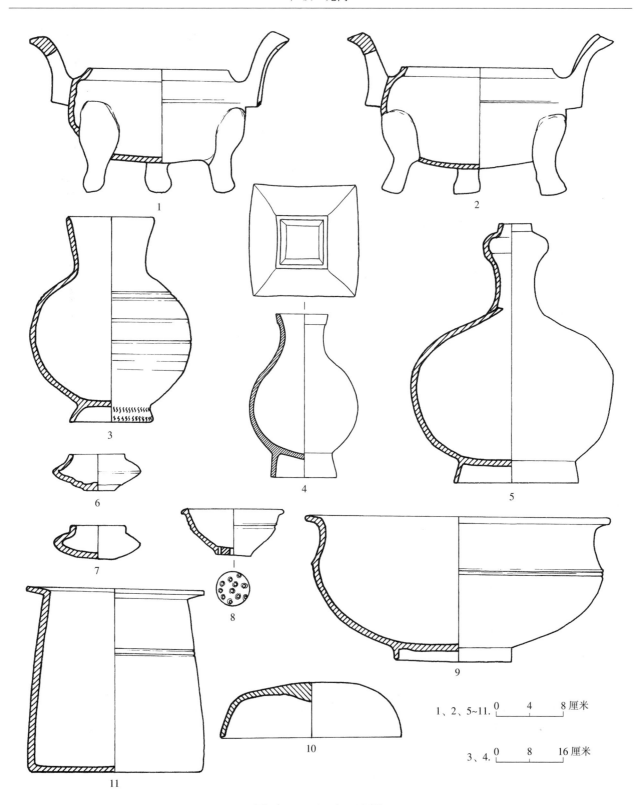

图二八　M22 出土陶器

1、2. Cb I 式鼎（M22:2、3）　3. Aa I 式高领壶（M22:11）　4. II 式钫（M22:5）　5. I 式蒜头壶（M22:4）

6、7. 小罐（M22:7、9）　8. II 式甑（M22:8）　9. C I 式盆（M22:1）　10. 盖（M22:12）　11. A I 式井（M22:6）

标本 M22:5，夹砂黑衣陶，局部灰褐，红褐胎。素面，器表磨光。侈方口，外沿较宽，方唇，束颈，方鼓腹，圈足较高、外斜直、修复。分制，火候一般。口径 14.4、足径 16.8、高 38.8 厘米（图二八:4，图版一一八）。

蒜头壶　1件。Ⅰ式。

标本 M22:4，夹砂黄褐陶，局部红褐。素面。敛口，矮直沿，方唇，微束细颈，圆肩，鼓腹，较矮外斜直圈足，修复。分制，火候一般。口径 4、足径 14.4、高 29.6 厘米（图二八:5，图版一一九）。

罐　1件。

标本 M22:13，夹砂灰褐陶，未修复。

小罐　2件。

标本 M22:7，夹砂黑陶，局部、胎红褐。敛口，方唇，折肩，折腹，平底，完整，轮制，火候一般。口径 6.4、底径 4、高 4 厘米（图二八:6，图版一二〇）。标本 M22:9，夹砂灰褐陶，局部黄褐。素面。口近直，矮沿，圆唇，折腹，平底，完整。轮制，火候一般。口径 6.6、底径 4.7、高 3.8 厘米（图二八:7，图版一二一）。

甑　1件。Ⅱ式。

标本 M22:8，夹砂黄褐陶，褐胎。上腹施凹弦纹 2 周，底施外向里圆形穿 11 个。敞口，窄折沿、外下卷，圆唇，弧腹，平底，修复。轮制，火候一般。口径 12.8、底径 4.4、高 5.6 厘米（图二八:8，图版一二二）。

盆　1件。C型Ⅰ式。

标本 M22:1，夹砂黑衣陶，局部灰褐，黄褐胎。腹施凹弦纹一周。侈口，微斜折沿，圆唇，折腹，上腹内束、下腹弧收，较直矮圈足，修复。分制，火候一般。口径 37.6、足径 15.2、高 16.8 厘米（图二八:9，图版一二三）。

盖　1件。

标本 M22:12，夹砂黄褐陶，局部褐。素面。覆钵形，弧顶，敞口，方唇，修复。轮制，火候一般。口径 20.8、高 6.4 厘米（图二八:10，图版一二四）。

灶　1件。

标本 M22:10，夹砂灰褐陶，未修复。

井　1件。A型Ⅰ式。

标本 M22:6，夹砂灰褐陶，部分灰黑，局部黄褐。上腹施凹弦纹 2 周，器表磨光。侈口，折沿近平、较宽，圆唇，腹外弧斜，平底。修复。轮制，火候一般。口径 21.6、底径 20.8、高 21.6 厘米（图二八:11，图版一二五）。

铜器　仅钱币1种。放头端北壁和盆骨处。

半两　394枚。分二型。

B型　15枚。直径 2.5～2.7 厘米，重 2～3 克。

标本 M22:16－1，"半"字不清，"两"字上横较短，"从"字长"人"。直径 2.7、穿径 0.9 厘米，重 3 克（图二九:1）。标本 M22:16－2，"半"字下横短，"两"字上横较短，"从"字短

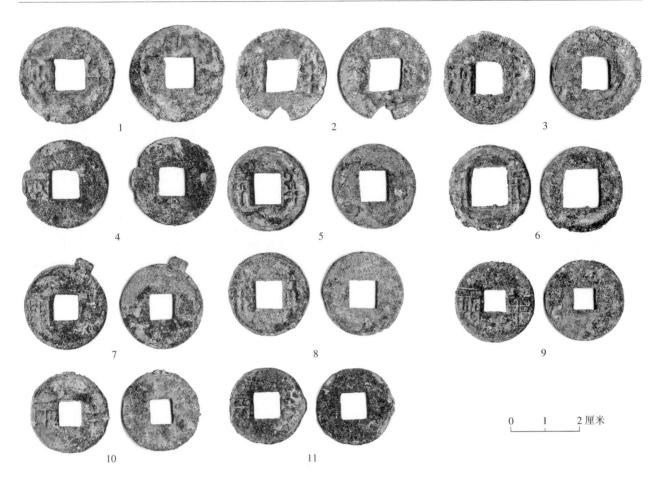

图二九　M22 出土"半两"

1～4. B 型"半两"（M22: 16 - 1、16 - 2、16 - 3、16 - 4）

5～11. C 型"半两"（M22: 16 - 5、16、6、16 - 7、16 - 8、16 - 9、16 - 10、16 - 11）

"人"。直径 2.6、穿径 0.9 厘米，重 2 克（图二九: 2）。标本 M22: 6 - 3，钱文、直径同 M22: 16 - 2，穿径 0.7～0.9 厘米，重 3 克（图二九: 3）。标本 M22: 16 - 4，"半"字不清，"两"字上横较短，"从"字短人。直径 2.5、穿径 0.8 厘米，重 2 克（图二九: 4）。

　　C 型　379 枚。直径 2.2～2.4、穿径 0.7～1.1 厘米，重 2～3 克。"两"字上横较短少、多为等宽；"从"字长"人"、短"人"和近一横者都有；书体较粗与纤细皆有。

　　标本 M22: 16 - 5，"半"字下横较长，"两"字模糊。直径 2.4，穿径 0.9 厘米，重 3 克（图二九: 5）。标本 M22: 16 - 6，钱文模糊。直径 2.4、穿径 1.1 厘米，重 2 克（图二九: 6）。标本 M22: 16 - 7，"半"字模糊，"两"字"从"字短"人"。直径 2.4、穿径 0.7 厘米，重 3 克（图二九: 7）。标本 M22: 16 - 8，钱文模糊不清，直径 2.4、穿径 0.8 厘米，重 2 克（图二九: 8）。标本 M22: 16 - 9，"两"字上横较短，"从"字短"人"。直径 2.3、穿径 0.7 厘米，重 2 克（图二九: 9）。标本 M22: 16 - 10，"两"字短"人"。直径 2.2、穿径 0.7 厘米，重 2 克（图二九: 10）。标本 M22: 16 - 11，"两"字"从"为一横。直径 2.2、穿径 0.8 厘米，重 2 克（图二九: 11）。

铁器　2 件。

剑　1 件。

标本 M22:14，锈蚀严重，部分包有范沙（?）。长条形，残。范铸。残长 62 厘米。

不明器　1 件。

标本 M22:15，锈蚀严重，大部分外包范沙，不辨器形。残长 22 厘米。

9. M30

层位关系　2—M30→3。

墓葬形制　长方形竖穴土坑墓。墓向 9 度。墓口及底长 382、宽 282、墓坑深 70 厘米。坑底长宽比 1.35:1。坑壁垂直于坑底呈 90 度。坑底较平，坑内填五花土（图三○，图版一二六）。

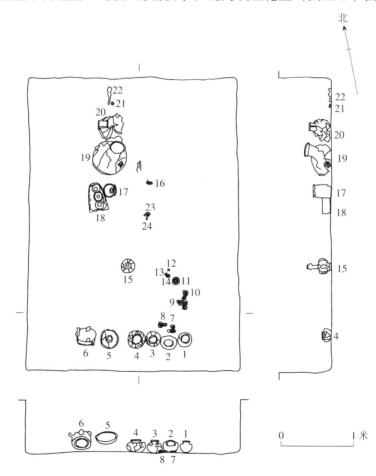

图三○　M30 平、剖面图

1~4. 陶罐　5. 陶鼎盖　6. 陶鼎　7~9、12、16. 铜"半两"　10、13、14. 铜指环　11. 铜镜
15. 陶蒜头壶　17. 陶井　18. 陶灶　19. 陶高领壶　20. 陶钫　21. 铜珠　22. 铁刀　23. 铜带钩

葬具　腐朽，残存炭化痕迹。长 180、宽 70 厘米，长宽比 2.6:1。

人骨架　1 具。腐朽严重，仅残存牙齿数枚，头向 189 度。

随葬品　出土陶、铜、铁器 23 件，铜钱 360 枚。

陶器　13 件。

鼎　2 件。1 件可分型、式，1 件为鼎盖。

Cb 型　1 件。Ⅲ式。

标本 M30:6，夹砂黄褐陶，部分灰。腹施凸弦纹 1 周。敛口，内折沿，斜方唇，腹微弧，上腹附加 2 对称方形耳，下腹附加 3 兽蹄形足，底微上凹，修复。分制，火候一般。口径 17.7、高 20.6 厘米（图三一:1，图版一二七）。

鼎盖　1 件。

标本 M30:5，夹砂黑陶，灰褐胎。素面，黑衣、局部磨光。覆钵形，弧顶，敞口，方唇，修复。轮制，火候一般。口径 20.6、高 6 厘米（图三一:2，图版一二八）。

高领壶　1 件。Aa 型Ⅱ式。

标本 M30:19，夹砂黑衣陶，局部灰褐。肩施凹弦纹 2 周，腹施凹弦纹 1 周；局部残留彩绘痕迹，器表磨光。侈口，方唇，领外斜、略呈倒"八"字形，圆肩，附加 2 对称兽面形贴塑，鼓腹，矮圈足、外撇，足缘内斜，修复。分制，火候一般。口径 20、足径 19.2、高 41.6 厘米（图三一:3，图版一二九）。

蒜头壶　1 件。Ⅱ式。

标本 M30:15，夹砂灰褐陶，局部灰。素面。口微敛，矮直沿，方唇，细颈，圆肩，鼓腹，较矮直圈足，修复。分制，火候一般。口径 3.6、足径 14.4、高 27.6 厘米（图三一:4，图版一三〇）。

钫　1 件。Ⅱ式。

标本 M30:20，夹砂灰褐陶，局部灰黑，黄褐胎。素面，器表磨光。侈方口，窄折沿、外沿较宽，方唇，鼓腹，圈足较高、外斜直，修复。分制，火候一般。口径 12.8、足径 19.6、高 38.8 厘米（图三一:5，图版一三一）。

卷沿罐　4 件。

Ⅰ式　3 件。

标本 M30:1，夹砂黄褐陶，部分灰。肩施凹弦纹。侈口，卷沿，圆唇，溜肩，鼓腹，平底，修复。轮制，火候一般。口径 12.8、底径 9.6、高 13.6 厘米（图三一:6，图版一三二）。标本 M30:2，夹砂黄褐陶，局部灰。肩施凹弦纹 2 周。侈口，卷沿，微有矮领，溜肩，鼓腹，平底，完整。轮制，火候一般。口径 13.6、底径 7.6、高 12.4 厘米（图三一:7，图版一三三）。

Ⅱ式　1 件。

标本 M30:4，夹砂黄褐陶，素面。侈口，卷沿，圆唇，溜肩，鼓腹，平底，修复。轮制，火候不高。口径 13.3、底径 9.1、高 13.6 厘米（图三一:8）。

小罐　2 件。

标本 M30:24，夹砂黑陶，肩施凹弦纹 2 周。侈口，外下窄折沿，圆尖唇，溜肩，鼓腹，假圈足、平底，修复。轮制，火候一般。口径 5.2、底径 4、高 8.8 厘米（图三一:9，图版一三四）。标本 M30:25，夹砂灰陶，局部灰黑。素面。口微侈，圆唇，溜肩，鼓腹，平底，完整。轮制，火候较高。口径 5.6、底径 3.6、高 8 厘米（图三一:10，图版一三五）。

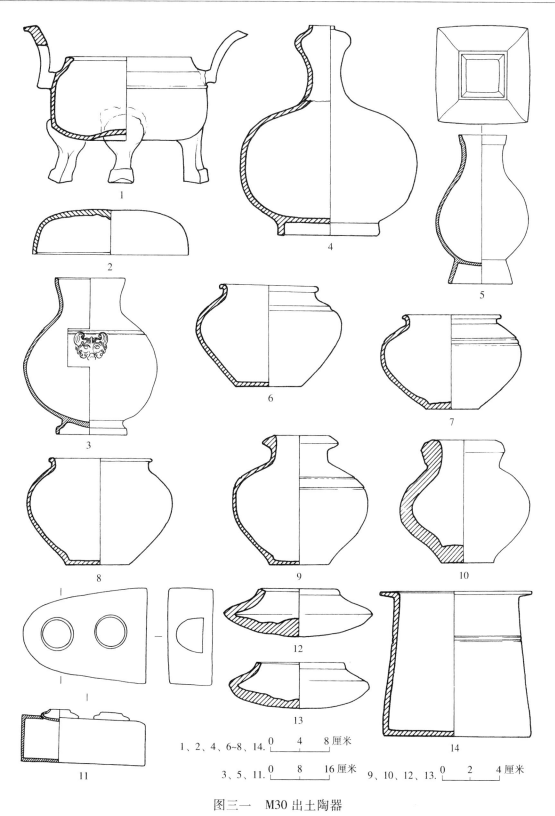

图三一　M30 出土陶器

1. CbⅢ式鼎（M30∶6）　2. 鼎盖（M30∶5）　3. AaⅡ式高领壶（M30∶19）　4. Ⅱ式蒜头壶（M30∶15）

5. Ⅱ式钫（M30∶20）　6、7. Ⅰ式卷沿罐（M30∶1、2）　8. Ⅱ式卷沿罐（M30∶4）　9、10. 小罐（M30∶24、25）

11. Ⅱ式灶（M30∶18）　12、13. 小釜（M30∶18-1、18-2）　14. AⅡ式井（M30∶17）

灶　1件。Ⅱ式。

标本 M30:18,夹砂灰褐陶、局部黄褐。素面。表面呈半椭圆形,顶端圆、下端平,中部 2 圆形灶孔上各置一小陶釜,小端中部开半圆形灶门一个。纵、横剖面为长方形,修复。手制,火候一般。长 34.4、宽 25.6、厚 12 厘米(图三一:11,图版一三六)。标本 M30:18 - 1,夹砂黑陶,素面。敛口,方唇,折腹,圜底,完整。轮制,火候一般。口径 5.7、高 3 厘米(图三一:12,图版一三七)。标本 M30:18 - 2,夹砂黄褐陶,素面。敛口,圆唇,折腹,完整。轮制,火候一般。口径 5.9、高 3 厘米(图三一:13,图版一三八)。

井　1件。A 型Ⅱ式。

标本 M30:17,夹砂灰褐陶,局部褐。上腹施凹弦纹 2 周。口近直,平折沿,方唇,腹微外斜直,平底,修复。手制、轮修,火候一般。口径 20.8、底径 20、高 19.2 厘米(图三一:14,图版一三九)。

铜器　11件。

镜　1件。

标本 M30:11,青铜,锈蚀。素面,圆形,完整。直径 8、厚约 0.1 厘米(图三二:1)。

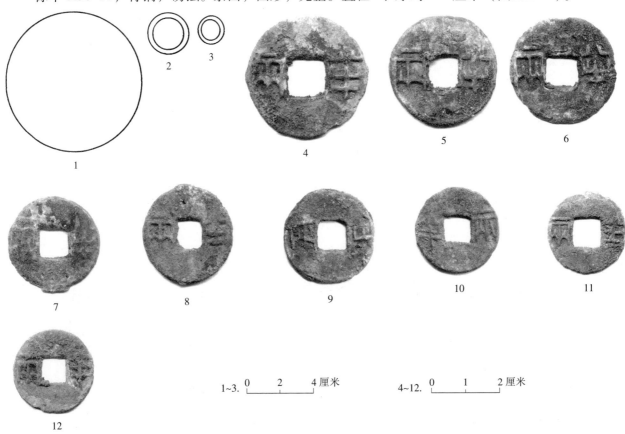

图三二　M30 出土铜器

1. 铜镜(M30:11)　2、3. 铜指环(M30:13、14)　4~6. A 型"半两"(M30:8 - 1、8 - 2、8 - 3)
7~9. B 型"半两"(M30:7 - 1、7 - 2、7 - 3)　10~12. C 型"半两"(M30:9 - 1、9 - 2、9 - 3)

带钩　1件。

标本 M30：23，青铜，锈蚀严重。

环？　1件。

标本 M30：10，青铜，锈蚀。一对（？）两支（？）。圆形，中空，剖面略呈倒"凹"字形，内、外圈不齐，内圈略短、外圈略长，应为口扣器。直径12.8、高1.4厘米（图版一四〇）。

指环　2件。

标本 M30：13，青铜，锈蚀。圆环形，完整。直径2.4、孔径1.8厘米（图三二：2）。标本M30：14，青铜，锈蚀。圆环形，有挂扣痕迹，残。直径1.7、孔径1.1厘米（图三二：3）。

珠　1件。

标本 M30：21，青铜，锈蚀严重。

"半两"　360枚。青铜，锈蚀。方孔圆钱。分三型。

A型　125枚。钱径3.1～3.5厘米，重5～7克。

标本 M30：8－1，钱略呈圆形，无内、外郭，穿较方，"两"字"人"长，直径3.5、穿径1.1厘米。重7克（图三二：4）。标本 M30：8－2，钱呈圆形，无内、外郭，穿较方，"两"字"人"较短，直径3.2、穿径1厘米。重7克（图三二：5）。标本 M30：8－3，钱略呈圆形，无内、外郭，穿略呈方形，"两"字"人"长直径3.1、穿径1厘米。重5克（图三二：6）。

B型　55枚。钱径2.7厘米，重3～5克。

标本 M30：7－1，钱呈圆形、下部微凸，无内、外郭，穿较方，"两"字"人"较短，直径2.7、穿径0.8厘米。重5克（图三二：7）。标本 M30：7－2，钱呈不规则圆形，无内、外郭，穿呈不规则方形，"两"字"人"模糊不清，直径2.7、穿径0.9厘米。重5克（图三二：8）。标本 M30：7－3，钱呈圆形、不太规整，无内、外郭，穿略呈方形，"两"字"人"模糊不清，直径2.7、穿径0.9厘米。重3克（图三二：9）。

C型　180枚。钱径2.3～2.4厘米，重2～3克。

标本 M30：9－1，钱呈不规则圆形，无内、外郭，穿略呈方形，右两左半，"两"字"人"长、半字下横斜，直径2.4、穿径0.8厘米。重3克（图三二：10）。标本 M30：9－2，钱呈圆形，无内、外郭，穿较方，两字人较短，直径2.3、穿径0.8厘米。重3克（图三二：11）。标本 M30：9－3，钱呈圆形，无内、外郭，方形穿，直径2.4、穿径0.8厘米。重2克（图三二：12）。

铁器　1件。

刀　1件。

标本 M30：22，锈蚀严重。长条形，背厚刃薄，残甚。锻铸。残长25.7、残宽2.6厘米。

10. M40

层位关系　2—M40→3。

墓葬形制　近长方形竖穴土坑墓，墓口与坑壁上部不规整。墓向202度。墓口长520、宽286、墓底长330、宽121厘米。墓坑深155厘米。墓底长宽比2.7：1。墓壁上斜（墓口下60厘米处）下近直，上部斜度约50度。墓底较平。墓坑内填黄色花土（图三三，图版一四一）。

葬具　已腐朽，大致可看出炭化痕迹。长160、宽66厘米。长宽比2.4：1。

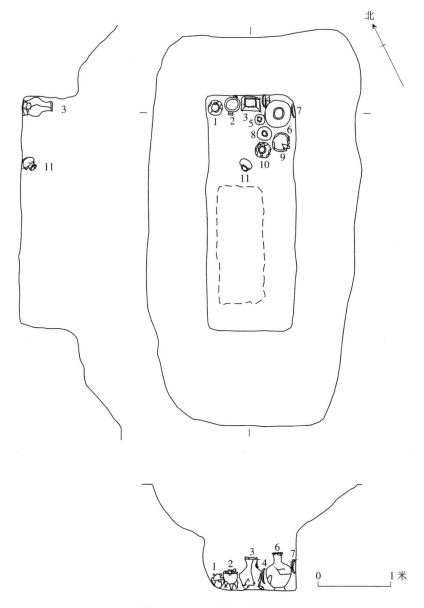

图三三　M40 平、剖面图

1、8. 陶釜　2. 陶鼎　3. 陶钫　4 钫盖　5、10、11. 陶罐　6. 陶高领壶　7. 壶盖　9. 陶盆

人骨架　1 具。腐朽严重，仅残存部分头骨，头向 22 度。

随葬品　出土陶器 11 件。

鼎　1 件。Cb 型 Ⅱ 式。

标本 M40∶2，夹砂黄褐陶，局部灰褐。上腹施凸弦纹 1 道。子母口，内折沿，方唇，腹较直，上腹附加外撇方耳，下腹附加 3 兽蹄形足，圜底近平，缺盖。分制，火候一般。口径 16.8、高 19.2 厘米（图三四∶1，图版一四二）。

高领壶　1 件。B 型 Ⅰ 式。

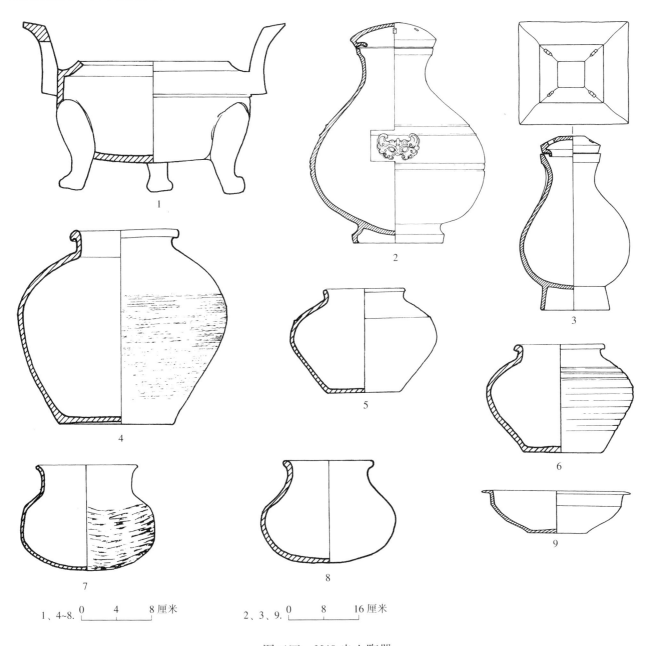

1、4~8. 0　　4　　8 厘米　　　　2、3、9. 0　　8　　16 厘米

图三四　M40 出土陶器

1. Cb Ⅱ 式鼎（M40∶2）　　2. B Ⅰ 式高领壶（M40∶6）　　3. Ⅰ 式钫（M40∶3）　　4. 深腹罐（M40∶11）

5、6. Ⅰ 式卷沿罐（M40∶5、10）7、8. B Ⅱ 式罐形釜（M40∶1、8）　　9. A Ⅱ 式盆（M40∶9）

　　标本 M40∶6，夹砂灰褐陶，局部灰黑、红褐，胎红褐、胎芯灰褐。盖顶、肩局部残留彩绘痕迹，盖顶施 3 长方形镂孔，肩施凸弦纹 2 周、饰 2 对称兽面贴塑，腹施凹弦纹 2 周。盖呈覆钵形，子母口，沿内折，圆唇；身盘口，方唇，束颈，溜肩，鼓腹圈足较矮，外撇后微内折，修复。分制，火候一般。口径 17.6、足径 20.8、高 48 厘米（图三四∶2，图版一四三）。

　　钫　1 件。Ⅰ 式。

标本 M40：3，夹砂灰黑陶，局部灰褐，红褐胎。器壁磨光，上腹残留红色彩绘痕。侈方口，卷沿、外沿较窄，方唇，四分鼓下腹，圈足较高、斜直。手制，火候一般。口径 13.5、足径 16、高 37.6 厘米（图三四：3，图版一四四）。

深腹罐　1 件。

标本 M40：11，夹细砂黑陶，局部灰黑，红褐胎。腹施横细绳纹。侈口，卷沿，圆唇，溜肩，腹较斜直，平底，修复。轮制，火候一般。口径 12.4、底径 12.8、高 21.2 厘米（图三四：4，图版一四五）。

卷沿罐　3 件。I 式。

标本 M40：5，夹砂灰陶，局部灰黑、黑，黄褐胎。肩、腹多轮制痕。侈口，卷沿，圆唇，圆肩，下腹较斜直，平底，修复。轮制，火候较高。口径 9.6、底径 8.4、高 11.2 厘米（图三四：5，图版一四六）。标本 M40：10，夹砂灰褐陶，局部灰黑。肩部施凹弦纹 2 周，腹多轮制痕。侈口，卷沿，圆唇，圆肩，下腹弧收，平底，完整。轮制，火候较高。口径 10.6、底径 8.5、高 11.6 厘米（图三四：6，图版一四七）。

罐形釜　2 件。B 型 II 式。

标本 M40：1，夹砂黑陶，局部灰黑，黄褐胎。腹、底施横绳纹。侈口，卷沿，圆唇，束颈，鼓腹，圜底，修复。轮制，火候一般。口径 11.5、高 11.5 厘米（图三四：7，图版一四八）。标本 M40：8，夹砂灰黑陶，局部灰褐，红褐胎。素面。侈口，卷沿，圆唇，束颈，鼓腹，圜底，修复。轮制，火候一般。口径 10.4、高 11.6 厘米（图三四：8，图版一四九）。

盆　1 件。A 型 II 式。

标本 M40：9，夹砂黄褐陶，局部灰褐。素面。敞口，折沿较宽、沿面微鼓，圆唇，折腹，上腹斜直、下腹弧收，圜底、近平，修复。轮制，火候一般。口径 34.2、高 9.2 厘米（图三四：9，图版一五〇）。

盖　1 件。

标本 M40：4，未修复。

第四节　丙类墓

一　丙类墓特点

丙类墓共 3 座（M17、M37、M38）。均发现有葬具炭化痕迹，葬具长 180～212、宽 76～110 厘米。

均为长方形竖穴土坑墓，以坑底计长度在 430～498、宽度在 210～320 厘米，长宽比除 M17 在 2:1 以下外，余均在 2.0:1 至 2.1:1。坑壁垂直于坑底呈 90 度的 1 座（M37）、斜壁的有 2 座（M37、M38）。坑底多平，仅 M37 不平，距地表最浅 85、最深 294 厘米。

随葬品的组合形式一般都有一套陶礼器，大多出铜、铁兵器或钱币等。与乙类墓的区别是不出磨光黑陶器。

二 墓葬分述

11. M17

层位关系 3—M17→生土。

墓葬形制 近长方形竖穴土坑墓，一端近中部微凸。墓向5度。坑口长500、宽350、坑底长498、宽320、坑深190厘米。坑底长宽比1.56∶1。坑壁斜度：两侧壁87度、两端壁85度。坑底平，散布朱砂。坑内填五花土。发现盗洞一个（图三五，图版一五一）。

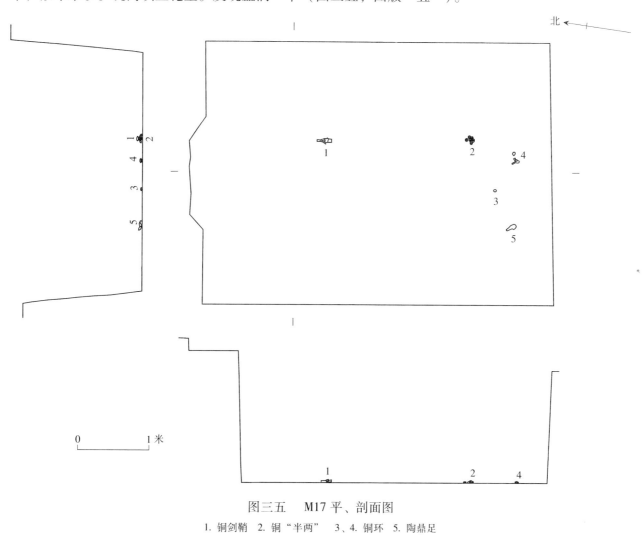

图三五 M17平、剖面图
1. 铜剑鞘 2. 铜"半两" 3、4. 铜环 5. 陶鼎足

葬具 腐朽，残存炭化痕。残长180、宽110厘米。

人骨架 腐朽，残存极少肢骨。

随葬品　出土陶、铜器26件。

陶器　2件。

鼎　1件。

标本M17:5，残剩鼎足。

钫　1件。Ⅱ式。

标本M17:6，夹砂灰黑陶，局部黄褐、红褐。素面，内沿多红彩。侈方口，外沿较宽，方唇，束颈，鼓腹，上腹附加2对称兽面泥塑，底较平，较高外斜圈足，修复。分制，火候一般。口径14.4、足径21.6、高46.4厘米（图三六:1，图版一五二）。

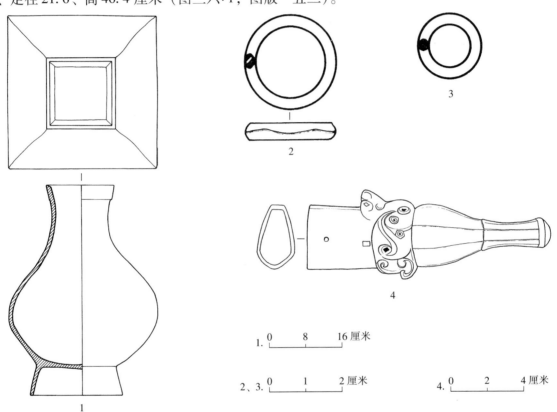

图三六　M17出土器物

1. Ⅱ式陶钫（M17:6）　2、3. 铜环（M17:3、4）　4. 铜剑鞘（M17:1）

铜器　24件。

环　2件。

标本M17:3，青铜，锈蚀，环形，完整。直径2.5厘米（图三六:2）。标本M17:4，锈蚀，环形，完整，直径1.7、孔径1.1厘米（图三六:3）。

剑鞘首　1件。

标本M17:1，青铜，残存剑鞘鞘首部分，中空。长13.2厘米（图三六:4）。

半两　21枚。A型。

标本 M17:2，锈蚀严重。

12. M37

层位关系　　M38→M37→生土。

墓葬形制　　长方形竖穴土坑墓。墓向 345 度。墓口底长 430、宽 210、墓坑残深 45 厘米。墓底长宽比 2.05:1，坑壁垂直于墓底呈 90 度。墓底不平。坑内填灰沙土（图三七，图版一五三）。

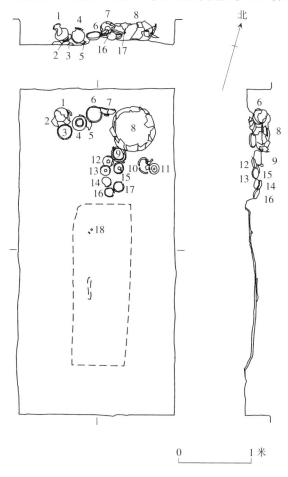

图三七　M37 平、剖面图

1、11. 陶壶　2、4. 陶圈底罐　3、7、14. 陶盒　5、6、12、13、15、16. 陶豆　17. 陶盖　8. 陶瓮　9、10. 陶鼎　18. 陶丸

葬具　　已腐朽，仅残存炭化痕。长 212、宽 80 厘米。长宽比 2.7:1。

人骨架　　1 具，腐朽严重。从残存痕迹上看，葬式仰身直肢，面向上，头向 165 度。

随葬品　　出土陶器 18 件。

鼎　2 件。Aa 型 I 式。

标本 M37:9，夹砂黄褐陶，素面。身敛口，内斜折沿，圆唇，腹微弧，上腹附加 2 对称舌形耳，下腹附加 3 细高圆锥柱形足，圜底，缺盖。分制，火候一般。口径 14.8、高 21.2 厘米（图三八:1，图版一五四）。标本 M37:10，夹砂黄褐陶，素面。敛口，沿内折，圆唇，腹微弧，上腹附加 2 对称舌形錾扳耳，下腹附加 3 细高圆锥柱形足、较细高，圜底，腹、底相交处有折棱，修复。分

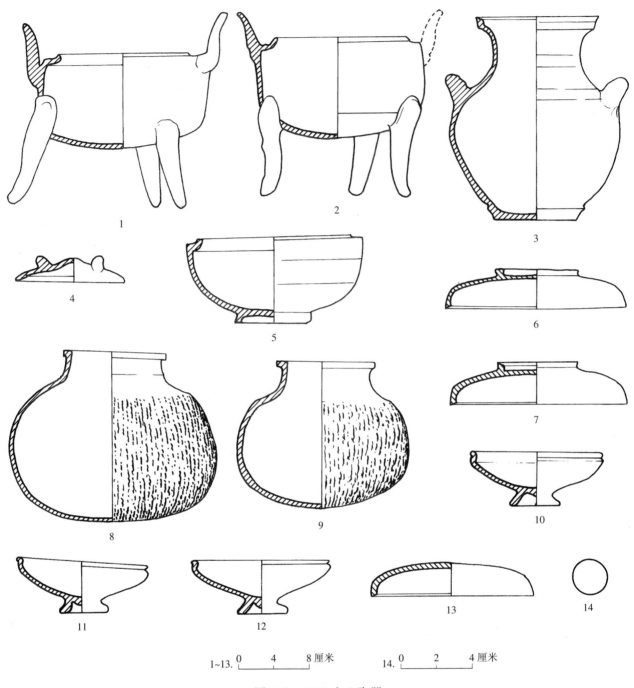

图三八　M37 出土陶器

1、2. Aa I 式鼎（M37：9、10）　3. Aa 型壶（M37：1）　4. 壶盖（M37：11）　5. A I 式盒（M37：7）　6、7. 盒盖（M37：3、14）

8、9. 圜底罐（M37：2、4）　10 ~ 12. 豆（M37：5、12、13）　13. 盖（M37：17）　14. 丸（M37：18）

制，火候一般。口径 15.4、高 20.5 厘米（图三八：2，图版一五五）。

壶　2 件。1 件可分型。Aa 型。

标本 M37：1，夹砂灰黑陶，局部灰褐，红褐胎。外沿、颈、肩施凹弦纹；颈、肩残留彩绘痕迹。盘口，方唇、唇面微凹，束颈，溜肩，肩施 2 对称錾形耳，鼓腹，假圈足、足缘内斜，平底，盖残。分制，火候一般。口径 13.6、底径 8.8、高 22.4 厘米（图三八：3，图版一五六）。标本 M37：11，残剩壶盖。夹砂灰褐陶，局部黄褐，灰胎。盖尖处施螺旋形划纹，盖顶残留彩绘痕迹。覆尖底盏形，盖附加 3 钮，尖顶，弧壁，子母口，圆唇，完整。分制，火候一般。口径 12.4、高 3.2 厘米（图三八：4）。

盒　3 件。1 件为 A 型 I 式，2 件盖。

标本 M37：7，夹砂黄褐陶，红褐胎。腹施凹弦纹 2 周。盒身敛口，内斜折沿，圆唇，弧腹，矮圈足、外斜，轮制，火候一般。口径 17.6、足径 8.8、高 9.6 厘米（图三八：5，图版一五七）。标本 M37：3，夹砂黄褐陶，红褐胎。素面。覆圈足盘状，矮圈足形捉手，弧顶，敞口，斜方唇，修复。分制，火候较高。捉手径 9.2、口径 20、高 4.4 厘米（图三八：6，图版一五八）。标本 M37：14，夹砂黄褐陶，局部红褐。素面。覆圈足盘状。矮圈足捉手，弧顶，敞口，斜方唇，修复。分制，火候一般。捉手径 9.6、口径 20、高 4.8 厘米（图三八：7，图版一五九）。

圜底罐　2 件。

标本 M37：2，夹砂灰黑陶，局部灰褐。沿面近口处、颈施凹弦纹 1 周，肩、腹、底施竖绳纹。口微敛，窄斜折沿，圆唇，窄斜肩，鼓腹，圜底，修复。轮制，火候一般。口径 12、高 18.4 厘米（图三八：8，图版一六〇）。标本 M37：4，夹砂灰褐陶，局部灰黑。肩、腹、底施竖绳纹。口近直，窄折沿，圆唇，束颈，窄斜肩，鼓腹，圜底，修复。轮制，火候一般。口径 11.2、高 16 厘米（图三八：9）。

瓮　1 件。

标本 M37：8，夹砂灰褐陶，局部灰黑。未修复。

豆　6 件。

标本 M37：5，夹砂灰褐陶，局部灰黑。素面。口微敞，圆唇，外沿有凹槽一周，弧腹，矮圈足、外撇。分制，火候较高。口径 14.4、足径 5.6、高 6 厘米（图三八：10，图版一六一）。标本 M37：12，夹砂黑陶，红褐胎。腹施细划纹。口微侈，微有卷沿，圆唇，外沿有凹槽一周。弧腹，矮圈足、外撇，修复。分制，火候不高。口径 14.9、足径 5.5、高 5.3 厘米（图三八：11，图版一六二）。标本 M37：13，夹砂灰黑陶，局部黄褐，红褐胎。素面。口微侈，微有卷沿，圆唇，外沿有凹槽一周，弧腹，矮圈足、外撇，修复。分制，火候一般。口径 16、足径 5.6、高 6 厘米（图三八：12，图版一六三）。

盖　1 件。

标本 M37：17，夹砂黄褐陶，素面。覆盘状，弧顶，敞口，斜方唇，手制、轮修，火候一般。口径 18.4、高 3.6 厘米（图三八：13，图版一六四）。

丸　1 件。

标本 M37：18，夹砂灰褐陶，素面。丸形，完整。手制，火候一般。直径 1.9（图三八：14）。

13. M38

层位关系　M35→M38→M37。

墓葬形制　长方形竖穴土坑墓。墓向 170 度。墓口长 490、宽 240、墓底长 470、宽 230、墓坑深 125 厘米。坑底长宽比 2.04：1。坑壁斜度较小，侧壁 84 度，端壁 87 度。坑底较平，坑内填黄夹灰黑色黏土（图三九，图版一六五）。

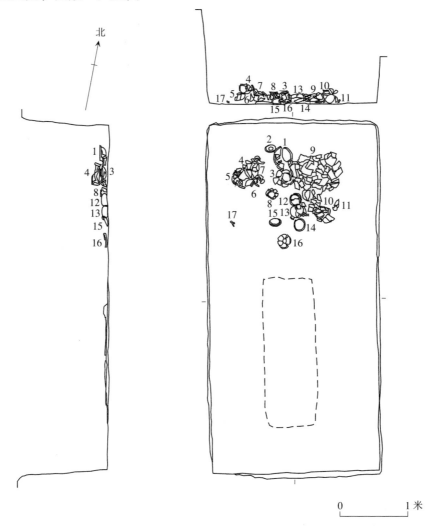

图三九　M38 平、剖面图

1. 陶盆　2、4、10、11. 陶壶　3、8. 陶罐　5、6. 陶釜　7、13. 陶鼎　9. 陶瓮　12、14~16. 陶豆　17. 铜带钩　18. 陶钵

葬具　已腐朽，残存炭化痕迹。长 198、宽 76 厘米，长宽比 2.6：1。

人骨架　1 具，腐朽严重。从残存痕迹看，葬式仰身直肢，头向 350 度，面向上。

随葬品　出土陶、铜器 18 件。

陶器　17 件。

鼎　2 件。Ca 型。

标本 M38：7，夹砂黄褐陶。鼎身敛口，内斜折沿，方唇，上腹附加 2 对称方耳，直腹，下腹附加 3 较高兽蹄形足，圜底，盖残。分制，火候一般。口径 16.4、残高 20 厘米（图四〇：1，图版一六六）。标本 M38：13，夹砂黄褐陶，局部灰黑。盖施凹弦纹 1 周。盖覆钵形，弧顶，微敞口，方

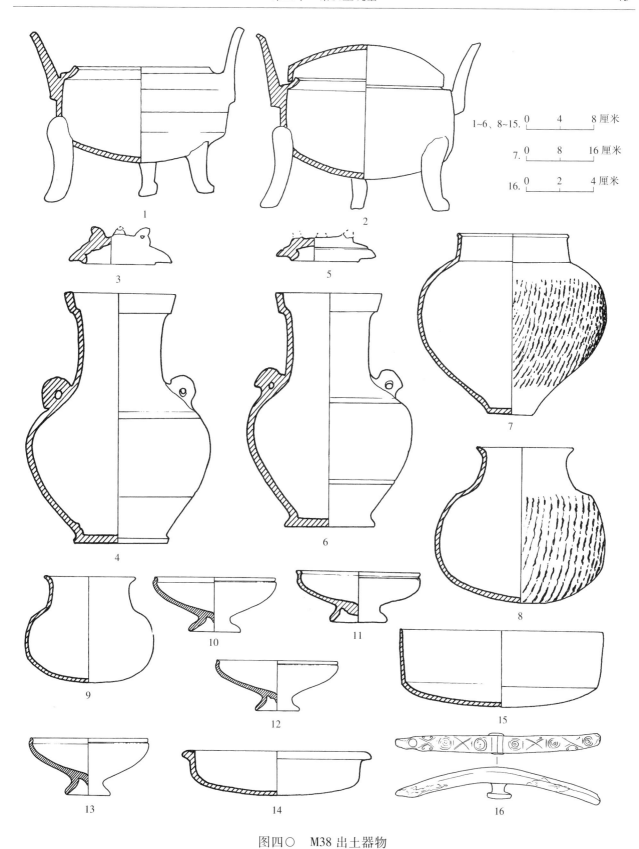

1~6、8~15. 0　　4　　8 厘米

7. 0　　8　　16 厘米

16. 0　　2　　4 厘米

图四〇　M38 出土器物

1、2. Ca 型陶鼎（M38:7、13）　3、4. Ba 型陶壶（M38:2、4）　5、6. Bb 型陶壶（M38:10、11）

7. A 型 Ⅱ 式陶瓮（M38:9）　8. A Ⅰ 式陶罐形釜（M38:5）　9. B Ⅰ 式陶罐形釜（M38:6）　10~13. 陶豆（M38:12、14~16）

14. A Ⅰ 式陶盆（M38:1）　15. B 型陶钵（M38:18）16. A 型铜带钩（M38:17）

唇,身敛口,内斜折沿,方唇,直腹,上腹附加 2 对称方耳,下腹附加 3 较高兽蹄形足,外撇,修复。分制,火候较高。口径 18.4、高 20.4 厘米(图四○:2,图版一六七)。

壶　2 件。

Ba 型　1 件。

标本 M38:2+4,夹砂黄褐陶,素面。肩、腹各施凹弦纹 2 周。盖顶 3 钮,钮根部有小圆形穿,弧顶,子母口,沿内折。身盘口,方唇,束颈,溜肩,肩部附加对称竖耳、耳跟施圆形穿,鼓腹,假圈足,平底,修复。分制,火候一般。口径 13.6、底径 11.2、高 28.8 厘米(图四○:3、4,图版一六八)。

Bb 型　1 件。

标本 M38:10+11,夹砂黄褐陶。肩、下腹各施凹弦纹 1 周。盖覆盘形,盖顶附加 3 钮,钮根部施圆形穿,弧顶,子母口,圆唇,身略呈盘口、较深,方唇,颈较高、微束,溜肩,肩部附加 2 对称竖耳,耳根部施圆形穿,鼓腹,假圈足、足缘外斜,平底,修复(钮残)。分制,火候较高。口径 12.4、底径 10.4、高 31.2 厘米(图四○:5、6,图版一六九)。

瓮　1 件。A 型 II 式。

标本 M38:9,夹砂灰黑陶,局部灰褐。腹施竖绳纹。侈口,窄斜折沿,圆唇,中领,较斜直、略呈“八”字形,圆肩,鼓腹,下腹弧收,小平底,修复。轮制,火候较高。口径 27.2、底径 11.2、高 41.6 厘米(图四○:7,图版一七○)。

罐　2 件。

标本 M38:3,夹砂灰褐陶,未修复。标本 M38:8,夹砂灰黑陶,未修复。

罐形釜　2 件。

A 型　1 件。I 式。

标本 M38:5,夹砂灰陶,局部灰褐。腹、底施竖绳纹。侈口,卷沿,束颈,窄斜肩,鼓腹,圜底,修复。轮制,火候一般。口径 11.8、高 18 厘米(图四○:8,图版一七一)。

B 型　1 件。I 式。

标本 M38:6,腹、底施竖绳纹。侈口,卷沿,圆唇,微有斜肩,鼓腹,圜底,修复。轮制。火候一般。口径 11.2、高 12.4 厘米(图四○:9)。

豆　4 件。

标本 M38:12,夹砂黑灰陶,素面。口微敛,微有卷沿,圆唇,外沿下有凹槽一周。弧腹,矮圈足、外撇修复。分制,为尖底盏附加圈足而成,火候不高。口径 14.4、足径 6.4、高 6.4 厘米(图四○:10)。标本 M38:14,夹砂黑陶,红褐胎。素面。口微侈,微有卷沿,圆唇,外沿有凹槽一周,弧腹,矮圈足、外撇,修复。分制,火候不高。口径 14.6、足径 6.4、高 6 厘米(图四○:11,图版一七二)。标本 M38:15,口微敛,微有卷沿,圆唇,弧腹,矮圈足、外撇,修复。分制,火候不高。口径 14.4、足径 5.4、高 5.8 厘米(图四○:12)。标本 M38:16,口微侈,微有卷沿,圆唇,外沿有凹槽一周,弧腹,矮圈足、外撇,修复。分制,火候一般。口径 14、足径 5.4、高 6.6 厘米(图四○:13)。

盆 1 件。A 型 I 式。

标本 M38:1，夹砂黄褐陶，素面。口近直，折沿较窄、微外下卷，圆唇，折腹，上腹近直、下腹弧，圜底，修复。轮制，火候一般。口径22.4、高5.2厘米（图四〇:14，图版一七三）。

钵　1件。B型。

标本 M38:18，夹砂灰黑陶，红褐胎。素面。直口，圆唇，腹较直，圜底，修复。轮制，火候一般。口径24.8、高8.8厘米（图四〇:15，图版一七四）。

铜器　1件。

带钩　1件。A型。

标本 M38:17，青铜，锈蚀。近圆柱形，身略粗，端、尾略细，中部有圆形带扣，尾略残。长12.4厘米（图四〇:16，图版一七五）。

第五节　丁类墓

一　丁类墓特点

丁类墓有3座，分别为 M1、M4、M21。无葬具。

为近长方形竖穴土坑墓，都遭不同程度破坏。以坑底计，残长280～368、宽度在160～420厘米之间。坑壁直或较直2座，M1、M21；上直下弧壁1座，M4。仅 M21 有熟土二层台。坑底平或较平，距地表最浅100、最深250厘米。

随葬品组合形式一般都出一套陶礼器或磨光黑陶礼器，与其他无葬具墓最大区别是出土铜鼎、蒜头壶、钫或其中之一的铜礼器。

二　墓葬分述

14. M1

层位关系　3—M1→生土。

墓葬形制　长方形竖穴土坑墓。墓向356度。墓口残长150～200、墓口宽370、墓底残长280、墓底宽370厘米。墓坑内填五花土（图四一）。

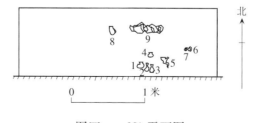

图四一　M1 平面图

1. 铜釜　2. 铜蒜头壶　3. 铜铭　4. 铜鍪　5. 铜鼎　6. 陶罐　7. 陶豆　8. 铜钵　9. 陶瓮（内有兽骨）

葬具　无。

人骨架　遭破坏。

随葬品　出土陶、铜器9件。

陶器　3件。

瓮　1件。A型Ⅰ式。

标本M1：9，夹砂灰褐陶，局部灰黑。腹施竖绳纹，领内多旋痕。口近直，微有外沿，圆唇，中领较直，斜肩，鼓腹，平底。轮制，火候一般。口径26.4、底径12.8、高42.4厘米（图四二：1，图版一七六）。

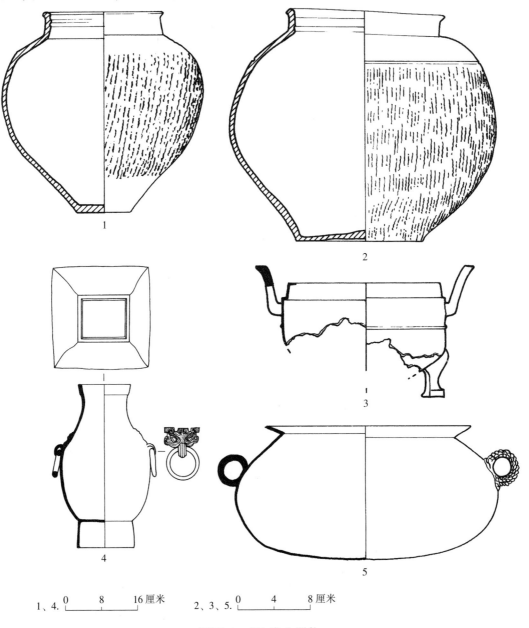

图四二　M1 出土器物

1. AⅠ式陶瓮（M1：9）　2. 陶矮领罐（M1：6）　3. Ⅱ式铜鼎（M1：5）　4. Ⅱ式铜钫（M1：3）　5. 铜釜（M1：1）

矮领罐　1件。

标本 M1:6，夹砂灰褐陶，局部褐。腹施竖绳纹。直口，微有外沿，圆唇，矮领，溜肩，鼓腹，平底，修复。轮制，火候一般。口径17、底径14、高23.6厘米（图四二:2，图版一七七）。

豆　1件。

标本 M1:7，未修复。

铜器　6件。

鼎　1件。Ⅱ式。

标本 M1:5，锈蚀严重。腹施凸弦纹1周。敛口，沿内折，方唇，弧腹，圜底，上腹附加2对称方耳、下腹附加3兽蹄形足，可修复。分铸。口径16.4、高14.6厘米（图四二:3，图版一七八）。

蒜头壶　1件。

标本 M1:2，青铜，锈蚀严重。未修复。

钫　1件。Ⅱ式。

标本 M1:3，青铜，锈蚀严重。侈口，卷沿，外沿较宽，方唇，颈微束，鼓腹，上腹附加2对称辅兽衔环，圈足较高、外斜直，可修复。分铸。口径11.4、足径14.8、高35.6厘米（图四二:4，图版一七九）。

釜　1件。

标本 M1:1，青铜，锈蚀严重。腹施凸弦纹1周，耳饰麦穗纹，薄胎，耳侧有范铸痕。侈口，斜折沿，鼓腹，上腹附加2对称竖环耳，圜底，修复。分制。口径22.8、高16厘米（图四二:5，图版一八〇）。

鋬　1件。

标本 M1:4，青铜，锈蚀严重。未修复。

钵　1件。

标本 M1:8，青铜，锈蚀严重。未修复。

15. M4

层位关系　5—M4→生土

墓葬形制　长方形竖穴土坑墓。墓向356度。墓口残长230、宽450、墓底残长320、宽420、墓坑深220厘米。坑壁上直下弧，墓底平，坑内填灰黑沙土（图四三）。

葬具　无。

人骨架　1具，腐朽，残存牙齿。从残存痕迹看，葬式仰身直肢，头向176度。

随葬品　出土陶、铜、铁器446件。

陶器　20件。

鼎　2件。Cb型Ⅱ式。

标本 M4:19＋17，夹砂灰陶。腹施凸弦纹一周，盖、身折沿处部分残留红彩痕迹。盖（M4:19）覆钵形，弧顶，敞口，方唇，身敛口，沿内斜折，斜方唇，腹微弧，上腹附加2对称方耳，下腹附加3兽蹄形足，圜底较平，修复。分制，火候较高。口径18.4、高20.4厘米（图四四:1，图

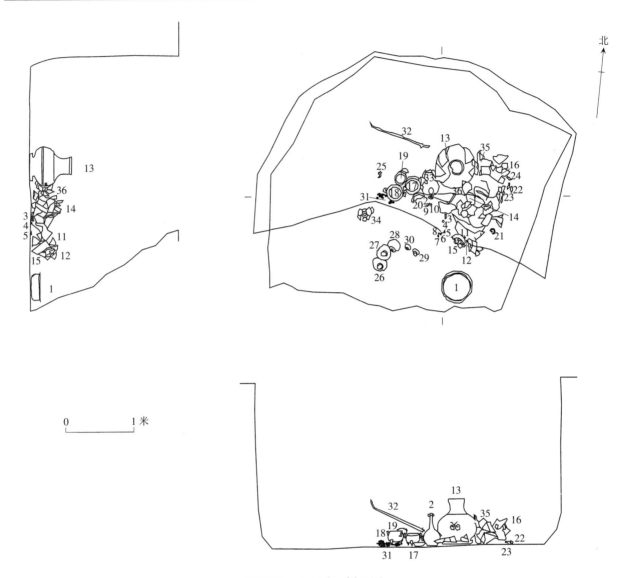

图四三　M4 平、剖面图

1. 铜洗　2. 铜蒜头壶　3、4. 铜镦　5～12. 铜盖弓帽　13. 陶高领壶　14. 陶壶盖　15. 陶仓　16、35. 陶钫
17、18. 陶鼎　19、20. 陶钵　21. 陶环　22、24、25. 陶钩　23. 陶玦?　26、28、34. 陶罐
27. 陶甑　29. 陶尖底罐　30、36. 陶豆　31. 铜"半两"　32. 铁剑　33. 陶釜

版一八一）。标本 M4:20+18，夹砂灰陶，局部灰褐。腹施凸弦纹 1 周，耳外侧、鼎足残留红彩痕迹。盖（M4:20）覆钵形，弧顶，敞口，方唇。身敛口，沿内斜折，斜方唇，腹微弧，上腹附加 2 对称方耳，下腹附加 3 兽蹄形足，圜底较平，修复。分制，火候较高。口径 17.6、高 20.4 厘米（图四四:2，图版一八二）。

壶盖　1 件。

标本 M4:14，夹砂灰黑陶，局部红褐。盖外向里施三长方形镂孔。略呈覆钵形，弧顶，子母口，修复。轮制，火候一般。口径 22.8、高 6.4 厘米（图四四:3）。

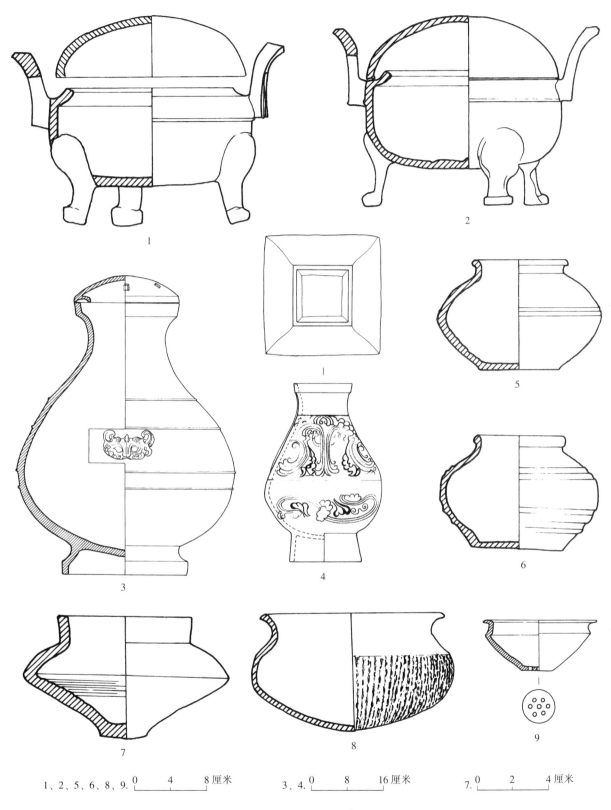

图四四　M4 出土陶器

1、2. CbⅡ式鼎（M4：19＋17、20＋18）　　3. BⅡ式高领壶（M4：14＋13）　　4. Ⅰ式钫（M4：35）　　5、6. Ⅰ式卷沿罐（M4：28、34）
7. 尖底罐（M4：29）　　8. Ⅰ式盆形釜（M4：33）　　9. Ⅰ式甑（M4：27）

高领壶　1件。B型Ⅱ式。

标本 M4:13，夹砂灰褐陶，局部黄褐。上、下腹各施凸弦纹 2 周，圈足残留红彩痕迹。盘口，方唇，溜肩，鼓腹，肩部附加 2 对称兽面泥塑，圈足较高，外撇后下斜，修复。分制，火候一般。口径 23、足径 26.2、高 57 厘米（图四四:3，图版一八三）。

钫　2件。1件可分型式。Ⅰ式。

标本 M4:35，夹砂黑衣陶，局部灰黑，器表磨光。腹、圈足饰红、白彩绘。腹绘红、白相间卷云纹，圈足图案不清。侈口，外沿较窄，方唇，鼓腹，圈足较高、外斜直，修复。口径 12.8、足径 16.6、高 37.6 厘米（图四四:4，图版一八四）。标本 M4:16，未修复。

卷沿罐　3件，2件可分式。Ⅰ式。

标本 M4:28，夹砂灰褐陶，肩施凹弦纹 2 周。侈口，卷沿，圆唇，微有束颈，溜肩，鼓腹，平底，完整。轮制，火候较高。口径 11.2、底径 8.4、高 11.8 厘米（图四四:5，图版一八五）。标本 M4:34，夹砂黑陶，黄褐胎。肩、腹施弦纹。侈口，卷沿，圆唇，斜肩，鼓腹，平底，修复。轮制，火候较高。口径 10.2、底径 10.4、高 12 厘米（图四四:6，图版一八六）。

尖底罐　1件。

标本 M4:29，夹砂黄褐陶，局部灰褐。素面。口微侈，矮直沿，方唇，溜肩，斜折腹内急收，近尖底，完整。轮制，火候较高。口径 7.4、高 6.4 厘米（图四四:7，图版一八七）。

盆形釜　1件。Ⅰ式。

标本 M4:33，夹砂灰陶，红褐胎。腹、底施竖绳纹。侈口，卷沿，圆唇，窄斜肩，鼓腹，圜底，修复。轮制，火候一般。口径 20.8、高 12.4 厘米（图四四:8，图版一八八）。

甑　1件。Ⅰ式。

标本 M4:27，夹砂黑陶，红褐胎。素面。敞口，窄折沿，圆尖唇，折腹，上腹微束、下腹斜直内收，平底，底施外向里穿 7 个，修复。轮制，火候一般。口径 11.9、底径 3.2、高 5.4 厘米（图四四:9，图版一八九）。

豆　2件。

标本 M4:36，夹砂黄陶，局部黄褐。口微侈，微有卷沿，圆唇，外沿下有细凹槽 1 周。弧腹，矮圈足、外撇，修复。足、身分制，火候一般。口径 14.5、足径 5.5、高 5.7 厘米（图四五:1，图版一九○）。标本 M4:30，夹砂灰黑陶，局部黄褐。素面，外壁、唇部残留红彩。口微敛，圆唇，外沿下有凹槽一周，弧腹，矮圈足、外撇，修复。分制，火候一般。口径 13.7、足径 6.2、高 5.6 厘米（图版一九一）。

仓?　1件。

标本 M4:15，磨光黑皮陶，夹砂灰褐胎。素面。侈口，折沿微斜，方唇，上腹外斜，残。轮制，火候一般。残宽 8.2、残高 2.1 厘米（图四五:2）。

环　1件。

标本 M4:21，夹细砂黄褐陶。素面。环状，残。残长 5.2、直径 0.9 厘米（图四五:3）。

钩　3件。

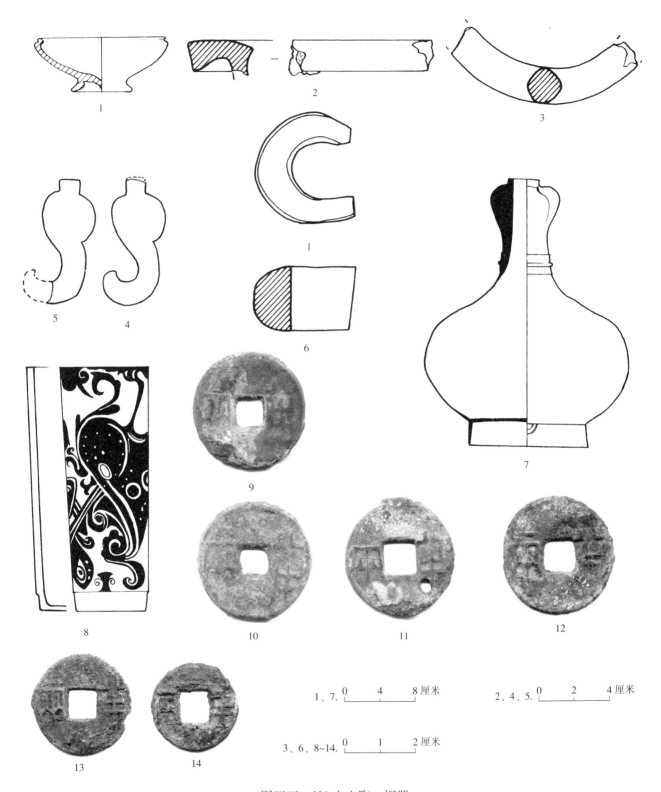

图四五 M4 出土陶、铜器

1. 陶豆 (M4:36)   2. 陶仓? (M4:15)   3. 陶环 (M4:21)   4、5. 陶钩 (M4:24、25)   6. 陶块? (M4:21)

7. 铜蒜头壶 (M4:2)   8. 铜镦 (M4:4)   9~13. A 型 "半两" (M4:31-1、31-2、31-3、31-4、31-5)

14. B 型 "半两" (M4:31-6)

标本 M4∶24，夹砂黄褐陶，灰褐胎。器表残留红彩痕、图案不明。略呈扁弯钩形。平顶，顶下外鼓，下部弯钩，修复。手制，火候一般。长6.4、最宽3、厚0.7厘米（图四五∶4）。标本M4∶25，夹砂黄褐陶。素面。扁弯钩形。顶微残，顶下外鼓，下部弯钩，残。手制，火候一般。残长6、最宽2.9、厚0.8厘米（图四五∶5）。

玦？　1件。

标本 M4∶23，夹细砂黄褐陶。素面。整体略呈缺环状，截面略呈梯形，修复。手制，火候一般。直径2.7、孔径1.7、最厚1.8厘米（图四五∶6）。

铜器　425件。

蒜头壶　1件。

标本 M4∶2，青铜，锈蚀。颈下部饰宽带、宽带上施有凸棱。直口，矮直沿，方唇，沿下作蒜头形，细颈，溜肩，鼓腹，较矮圈足、外斜直，修复。分铸。口径3.6、足径13.6、高29.2厘米（图四五∶7，图版一九二）。

洗　1件。

标本 M4∶1，青铜，锈蚀。未修复。

镦　2件。

标本 M4∶3，青铜，锈蚀。身饰变形蟠螭纹。身圆柱形，口略大于底，中空，完整。范铸。口径2.4、底径2、高6.7厘米（图版一九三）。标本 M4∶4，锈蚀。身饰变形蟠螭纹。身圆柱形，口略大于底，中空，完整。范铸。口径2.4、底径2、高6.7厘米（图四五∶8，图版一九四）。

盖弓帽　8件。

标本 M4∶5～12，青铜，锈蚀严重。未修复。

"半两"　414枚。青铜，锈蚀。方孔圆钱，方或近方形穿，无内、外郭。可分型者402枚。

A 型　335枚。直径2.8～3.2厘米，重3～8克。

标本 M4∶31－1，钱文"两"字长"人"。直径3.2、穿径1厘米，重8克（图四五∶9）。标本 M4∶31－2，钱文"两"字"人"较长，直径3.2、穿径1厘米，重7克（图四五∶10）。标本 M4∶31－3，"半"字左下有一小圆孔，"两"字短"人"，直径3.1、穿径1厘米，重6克（图四五∶11）。标本 M4∶31－4，"两"字长"人"，直径3.2、穿径1厘米，重5克（图四五∶12）。标本 M4∶31－5，"两"字长"人"，直径2.8、穿径0.9厘米，重3克（图四五∶13）。

B 型　67枚。直径2.5厘米，重3克。

标本 M4∶31－6，钱文"两"字短"人"。直径2.5、穿径1厘米，重3克（图四五∶14）。

铁器　1件。

剑　1件。

标本 M4∶32，锈蚀严重，未修复。

16. M21

层位关系　2—M21→4。

墓葬形制　长方形竖穴土坑墓，墓口局部不规则。墓向9度。墓口长462、宽310、墓底长368、宽160、墓坑深80厘米。墓底长宽比2.3∶1。坑壁垂直于坑底呈90度。坑壁下部有熟土二层台，头端较窄，宽 26 厘米，脚端较宽 60 厘米，两侧最宽 70～85 厘米，高约 18 厘米。坑底较平，坑内填五花土（图四六，图版一九五）。

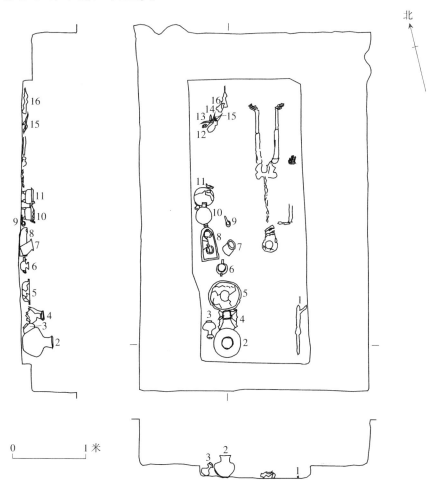

图四六　M21 平、剖面图

1. 铁剑　2. 陶高领壶　3. 陶蒜头壶　4. 陶钫　5. 陶盆　6. 铜镰斗　7. 陶井　8. 陶灶　9. 陶勺
10、11. 陶鼎　12. 铜"半两"　13. 铁削　14. 残铜镜　15. 铜带钩　16. 铁刀

葬具　无。

人骨架　1 具。腐朽，残存头骨及部分上、下肢骨。葬式仰身直肢，面向上，脚外撇。头向 194 度。

随葬品　出土陶、铜、铁器 16 件。

陶器　10 件。

鼎　2 件。Cb 型 II 式。

标本 M21:10，夹砂灰陶。腹施凸弦纹一道。敛口，内斜折沿，方唇，腹微弧，上腹附加 2 对称方耳，下腹附加 3 兽蹄形足，圜底近平，分制，火候较高。口径 17.6、高 19.6 厘米（图四七:1，图版一九六）。标本 M21:11，夹砂灰黑陶，局部灰褐。上腹施凸弦纹一道。敛口，内斜折沿，方

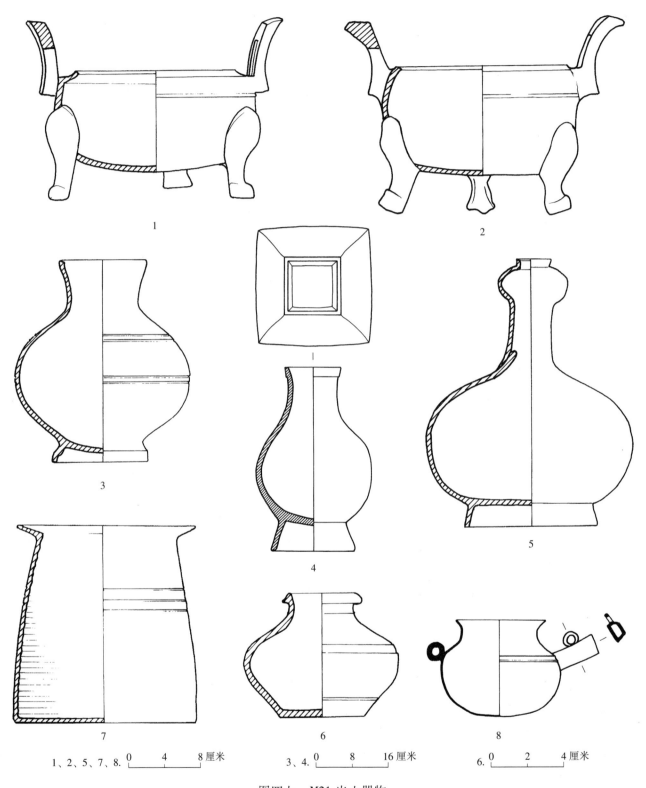

1、2、5、7、8. 0 ____ 4 ____ 8 厘米   3、4. 0 ____ 8 ____ 16 厘米   6. 0 ____ 2 ____ 4 厘米

图四七　M21 出土器物

1、2. CbⅡ式陶鼎（M21:10、11）　3. AbⅠ式陶高领壶（M21:2）　4. Ⅰ式陶钫（M21:4）

5. Ⅰ式陶蒜头壶（M21:3) 6. 小陶罐（M21:8－1）　7. BⅠ式陶井（M21:7）　8. 铜镶斗（M21:6)

唇，弧腹，上腹附加2对称方耳，下腹附加3兽蹄形足，圜底近平，修复。分制，火候一般。口径19.2、高20.8厘米（图四七:2，图版一九七）。

高领壶 1件。Ab 型Ⅰ式。

标本 M21:2，夹砂灰褐陶，局部褐。肩、腹各施凹弦纹2道。侈口，斜方唇，领外斜、略呈倒"八"字形。溜肩，鼓腹，圈足较矮，外撇后斜收，完整。轮制，火候一般。口径18.4、足径20.8、高43.2厘米（图四七:3，图版一九八）。

钫 1件。Ⅰ式。

标本 M21:4，夹砂灰黑陶，局部灰褐，红褐胎。素面，器表磨光。侈方口，卷沿，方唇，外沿较窄，方鼓腹，较高外斜圈足，修复。分制，火候一般。口径14、足径18.8、高39.2厘米（图四七:4，图版一九九）。

蒜头壶 1件。Ⅰ式。

标本 M21:3，夹砂灰陶，局部灰褐。素面。直口，矮直沿，颈较直，溜肩，鼓腹，矮外斜圈足，修复。轮制，火候一般。口径3.6、足径14.8、高28.8厘米（图四七:5，图版二○○）。

小罐 1件。

标本 M21:8-1，夹砂红褐陶，局部红褐。颈施凸弦纹1道，肩施凹弦纹2道、下腹施凹弦纹1道。侈口，圆唇，束颈，溜肩，鼓腹，平底，修复。轮制，火候一般。口径4.4、底径4.8、高6.8厘米（图四七:6，图版二○一）。

盆 1件。

标本 M21:5，未修复。

勺 1件。

标本 M21:9，未修复。

灶 1件。

标本 M21:8，未修复。

井 1件。B 型Ⅰ式。

标本 M21:7，夹砂灰褐陶，局部红褐。上腹施凹弦纹2道。侈口，较宽斜折沿，圆唇，腹外弧斜，平底，修复。轮制，火候一般。口径19.6、底径20、高21.2厘米（图四七:7，图版二○二）。

铜器 4件。

镰斗 1件。

标本 M21:6，青铜，锈蚀。上腹施凸弦纹一周。侈口，卷沿，尖圆唇，束颈略呈"八"字形，窄折肩，鼓腹，肩、腹间一侧附加斜上长方形鋬，在鋬上附加一小圆形竖耳；另一侧附加圆形竖耳，圜底，完整。分铸。口径10.1、高10.8厘米（图四七:8，图版二○三）。

镜 1件。

标本 M21:14，青铜，锈蚀。仅剩残片。

襟钩 1件。

标本 M21:15，青铜，锈蚀。鸭形。

"半两" 数枚。

标本 M21：12，青铜，锈蚀严重、粘连，数目不清。

铁器　3 件。

剑　1 件。

标本 M21：1，锈蚀严重，残为数段。

削　1 件。

标本 M21：13，锈蚀严重。

刀　1 件。

标本 M21：16，锈蚀严重。

第六节　戊类墓

一　戊类墓特点

戊类墓仅 2 座，分别为 M16、M28，均无葬具。

墓坑都为长方形竖穴土坑墓。以坑底计，长度在 396～470、宽度在 156～300 厘米之间。长宽比 2：1 以下的 1 座（M16）、2.3：1 至 2.5：1 的有 1 座（M28）。坑壁都垂直与坑底呈 90 度。M28 有熟土二层台。坑底平或较平，坑内填黄黏土、五花土或黑花土。

随葬品组合一般都有一套陶礼器，与其他无葬具墓的最大区别是无铜礼器，但有磨光黑陶礼器，大多出土有铜、铁生活器或兵器。

二　墓葬分述

17. M16

层位关系　3—M16→生土。

墓葬形制　近长方形竖穴土坑墓，一端略窄。墓向 4 度。墓口、底残长 470、宽 300、墓坑深 80 厘米。坑底长宽比 1.57：1，坑壁垂直于墓底呈 90 度。坑底较平，距地表深 180 厘米。坑内填黄黏土（图四八，图版二〇四）。

葬具　无。

人骨架　腐朽无痕。

随葬品　出土陶、铜器 15 件。

陶器　8 件。

鼎　2 件。Cb 型 II 式。

标本 M16：6，夹砂黄褐陶，修复鼎盖。覆钵形，弧顶，敞口，斜方唇。手制、轮修，火候一般。口径 21.2、高 6.8 厘米（图四九：1）。标本 M16：7，夹砂黑衣陶，红褐胎。上腹施凸弦纹一周。

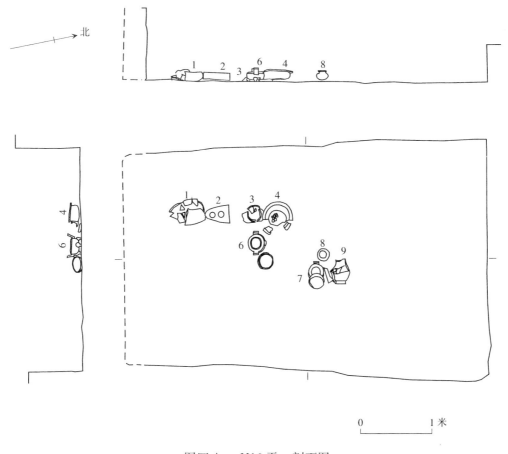

图四八　M16 平、剖面图

1. 陶高领壶　2. 陶灶　3. 陶井　4. 陶盆　5. 铜钱币　6、7. 陶鼎　8. 陶釜　9. 陶钫

身敛口，内斜折沿，方唇，微鼓腹，上腹附加 2 对称方形耳，下腹附加 3 兽蹄形足，圜底近平，修复。分制，火候一般。口径 19.2、高 20 厘米（图四九:2，图版二〇五）。

高领壶　1 件。

标本 M16:1，磨光黑陶，未修复。

钫　1 件。Ⅱ式。

标本 M16:9，夹砂黑衣陶，局部灰褐、黄褐、红褐胎。素面，器表磨光，上腹多划痕。侈口，方唇，外沿较宽，束颈，鼓腹，上腹附加 2 对称兽面泥塑，圈足较高、外斜，修复。分制，火候一般。口径 13.2、足径 17.6、高 38.4 厘米（图四九:3，图版二〇六）。

釜　1 件。

标本 M16:8，未修复。

盆　1 件。C 型Ⅰ式。

1、2、4、6. 0 ——— 4 ——— 8厘米　　　　3、5. 0 ——— 8 ——— 16厘米

图四九　M16 出土陶器

1. 陶鼎盖（M16:6）　　2. Cb Ⅱ 式陶鼎（M16:7）　　3. Ⅱ 式陶钫（M16:9）

4. C Ⅰ 式陶盆（M16:4）　　5. Ⅰ 式陶灶（M16:2）　　6. A Ⅱ 式陶井（M16:3）

标本 M16：4，夹砂褐陶，局部灰黑，黄褐胎。腹施凹弦纹 2 周，上腹饰窄横带红彩和红、白相间菱形几何形彩绘；内上腹也饰红色彩绘、图案模糊不清。口微侈，平折沿较宽，圆唇，折腹，上腹内束、下腹弧收、下腹顶部附加 2 对称兽面泥塑，圜底，圈足残缺（有附加圈足痕迹）。分制，火候一般。口径 39.2、残高 16.4 厘米（图四九：4，图版二〇七）。

灶　1 件。Ⅰ式。

标本 M16：2，夹砂灰褐陶，局部灰黑，黄褐。素面。灶面呈半椭圆形，上端圆、下端平直，近上端中部戳烟道，中部置 2 圆形灶孔；下端中部置半圆形火门。纵、横剖面呈长方形。手制，火候一般。长 32、宽 24、厚 10.4 厘米（图四九：5，图版二〇八）。

井　1 件。A 型Ⅱ式。

标本 M16：3，夹砂黄褐套，局部褐。上腹施较细凹弦纹 2 周。侈口，折沿近平，方唇、唇面微凹，腹外弧斜，平底，修复。轮制，火候一般。口径 22.4、底径 20.8、高 22.8 厘米（图四九：6，图版二〇九）。

铜器　7 件。

钱币　约 7 枚。青铜，锈蚀严重，不能辨认钱文。

18. M28

层为关系　2—M28→生土。

墓葬形制　长方形竖穴土坑墓。墓向 268 度。墓口长 426、宽 258、墓底长 396、宽 156、墓坑残深 42 厘米。墓底长宽比 2.5：1。坑壁垂直于坑底呈 90 度，在坑壁下部脚端和两侧三面有熟土二层台。二层台脚端较窄，宽 30 厘米，两侧较宽，宽 38～62 厘米，高约 10～18 厘米。坑底较平，距地表深 152 厘米。坑内填装黏土（图五〇，图版二一〇）。

葬具　无。

人骨架　1 具，腐朽。从残存痕迹看，葬式仰身直肢，头向 92 度，面向上。

随葬品　出土陶、铜器 15 件。

陶器　14 件。

鼎　1 件。Cb 型Ⅱ式。

标本 M28：7，夹砂灰褐陶，局部灰黑。耳下施凸弦纹一周。盖呈覆钵形，弧顶，敞口，方唇；身敛口，内折沿，圆唇，鼓下腹，圜底、近平，上腹附加 2 对称方耳，下腹附加 3 较矮兽蹄形足，修复。分制，火候一般。口径 16、高 18.4 厘米（图五一：1，图版二一一）。

高领壶　1 件。Aa 型Ⅰ式。

标本 M28：6，夹砂黑衣陶，红褐胎，器表磨光。肩、腹各施凹弦纹 2 周。侈口，方唇，领微弧外斜、略呈倒"八"字形，溜肩，鼓腹，矮圈足，先外撇、再竖直修复。分制，火候一般。口径 20、足径 19.2、高 44 厘米（图五一：2，图版二一二）。

蒜头壶　1 件。Ⅰ式。

标本 M28：8，夹砂黑衣陶，局部磨光。颈施凸弦纹 2 周。敛口，矮直领，细颈，鼓腹，外斜矮圈足，修复。轮制，火候一般。口径 4.8、足径 16、高 30.4 厘米（图五一：3，图版二一三）。

钫　1 件。Ⅱ式。

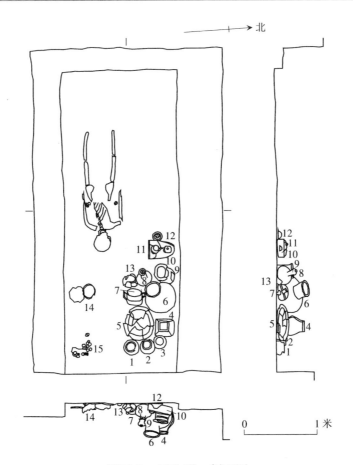

图五〇　M28 平、剖面图

1~3、11、13. 陶罐　4. 陶钫　5. 陶盆　6. 陶高领壶　7. 陶鼎　8. 陶蒜头壶
9. 陶井　10. 陶灶　12. 陶甑　14. 陶钵　15. 铜"半两"

　　标本 M28:4，夹砂黑衣陶，灰褐胎。素面，局部磨光。侈方口，外沿较宽，方唇，鼓腹四分，圈足较高、外斜直，修复。分制，火候一般。口径 12.8、足径 19.6、高 39.6 厘米（图五一:4，图版二一四）。

　　卷沿罐　3 件。Ⅱ式。

　　标本 M28:2，夹砂黄褐陶，局部灰褐。素面。侈口，卷沿，圆唇，斜折肩，鼓腹，平底，完整。轮制，火候一般。口径 12.8、底径 9.6、高 12 厘米（图五一:5，图版二一五）。标本 M28:13，夹砂灰黑陶，局部灰褐。肩施凹弦纹两周。侈口，卷沿，圆唇，微有束颈，斜肩，鼓腹，底微凹，完整。轮制，火候一般。口径 13.2、底径 10、高 12 厘米（图五一:6，图版二一六）。

　　鼓腹罐　1 件。

　　标本 M28:3，夹砂灰褐陶。素面。侈口，卷沿，圆唇，束颈，鼓腹，微有矮假圈足、平底，修复。轮制，火候一般。口径 10.2、底径 7.6、高 9.8 厘米（图五一:7，图版二一七）。

　　小罐　1 件。

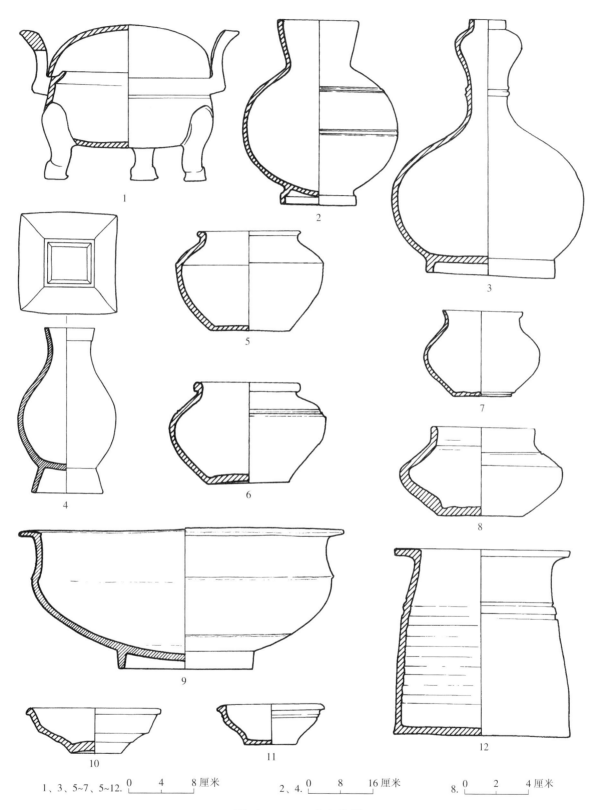

图五一　M28 出土陶器

1. Cb Ⅱ式鼎（M28:7）　2. Aa Ⅰ式高领壶（M28:6）　3. Ⅰ式蒜头壶（M28:8）　4. Ⅱ式钫（M28:4）

5、6. Ⅱ式卷沿罐（M28:2、13）　7. 鼓腹罐（M28:3）　8. 小罐（M28:11）　9. C Ⅰ式盆（M28:5）

10. C Ⅱ式钵（M28:14）　11. Ⅱ式甑（M28:12）　12. A Ⅰ式井（M28:9）

标本 M28:11,夹砂灰褐陶,素面。直口,圆唇,矮领较直,斜肩,弧腹,平底,轮制,火候一般。口径6.4、底径5、高5.2厘米(图五一:8,图版二一八)。

盆　1件。C型Ⅰ式。

标本 M28:5,夹砂磨光黑皮陶,灰褐胎。上腹下部施凸弦纹1周,下腹施粗凹弦纹1周。口微侈,折沿较宽、圆唇,上腹微束、下腹弧收,圈足较矮,修复。口径40、足径16.2、高16.8厘米(图五一:9)。

钵　1件。C型Ⅱ式。

标本 M28:14,夹砂黄褐陶,局部灰褐。素面。敞口,微有外沿,圆唇,折腹,平底,修复。轮制,火候一般。口径17、底径6、高5.6厘米(图五一:10,图版二一九)。

甑　1件。Ⅱ式。

标本 M28:12,夹砂灰褐陶,素面。口微敞,圆唇,微有沿、沿微外下斜,曲腹,平底,修复。口径13.2、底径6.4、高4.8厘米(图五一:11)。

灶　1件。Ⅰ式。

标本 M28:10,夹砂灰褐陶,局部灰黑、黄褐素面。平面呈半椭圆形,顶端圆、下端平,中部竖排2圆形灶孔,近上端处有一小圆形烟道,下端中部有半圆形火门。纵、横剖面为长方形,修复。手制,火候一般。长32.8、宽23.2、厚10.8厘米(图版二二○)。

井　1件。A型Ⅰ式。

标本 M28:9,夹砂黄褐陶,局部灰褐。上腹施粗凹弦纹2周。口微敛,平折沿、较宽,圆唇,腹微外斜弧,平底,修复。轮制,火候一般。口径22.4、底径22、高22.4厘米(图五一:12,图版二二一)。

铜器　仅钱币一种。

"半两"　数十枚。

标本 M28:15,青铜,锈蚀严重,大多粘连一起。

第七节　己类墓

一　己类墓特点

己类墓共6座,分别 M6、M13、M14、M26、M27、M48,均为长方形竖穴土坑墓,无葬具。以坑底计,长度在300~500、宽度在150~300厘米。坑壁垂直于坑底的有4座(M6、M14、M26、M27),斜壁2座(M13、M48)。坑底平或较平,距地表最浅45、最深325厘米。坑内填黄黏土或五花土。

随葬品组合一般有成套陶礼器和铜、铁生活用品或兵器等。

二　墓葬分述

19. M6

层位关系　1—M6→生土。

墓葬形制　长方形竖穴土坑墓。墓向4度。坑口、底残长220、残宽300、坑残深30厘米。坑壁垂直于坑底呈90度，坑底平，坑内填灰黑土，夹部分炭屑（图五二）。

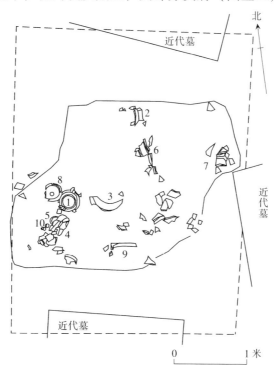

图五二　M6平面图

1. 陶鼎　2. 陶钫　3、6. 陶钵　4、5. 陶盒　7. 陶罐　8. 铜釜　9. 陶井　10. 铜"五铢"

葬具　无。

人骨架　腐朽无存。

随葬品　出土陶、铜器26件。

陶器　9件。

鼎　1件。Ca型。

标本M6:1，夹砂黄褐陶，局部褐。腹中部呈宽带状微凸。敛口，内斜折沿，斜方唇，腹微鼓，上腹附加2对称长方形錾耳，下腹附加3较高兽蹄形足，圜底，修复。口径24.5、高21.6厘米（图五三:1）。

钫　1件。

标本M6:2，夹砂黄褐陶，残剩口部。未修复。

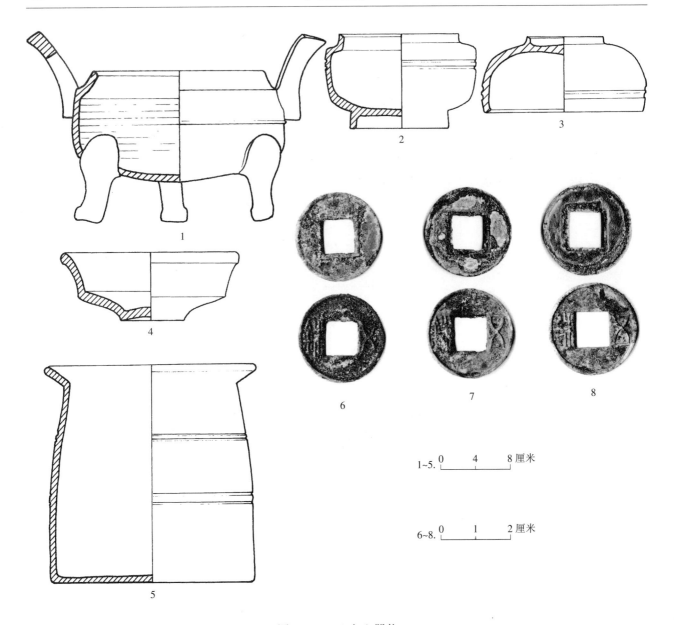

图五三　M6 出土器物

1. Ca 型陶鼎（M6:1）　2. B 型陶盒（M6:5）　3. 陶盒盖（M6:4）　4. CⅡ式陶钵（M6:3）
5. BⅡ式陶井（M6:9）　6、7. A 型铜"五铢"（M6:10-1、10-2）　8. B 型铜"五铢"（M6:10-9）

　　盒　2 件。盖、身各一，1 件可分型。B 型。

　　标本 M6:5，夹砂黄褐陶，上腹施粗凹弦纹 2 周。子母口，矮立沿，腹微弧，矮圈足、较直，修复。口径 13.6、足径 11.6、高 10.8 厘米（图五三:2，图版二二二）。

　　标本 M6:4，夹砂黄褐陶，局部灰褐。下腹施粗凹弦纹 2 周。矮圈足钮，弧腹，口微敛，斜方唇，修复。轮制，火候一般。钮径 8.7、口径 18.6、高 8.3 厘米（图五三:3，图版二二三）。

　　罐　1 件。

　　标本 M6:7，未修复。

釜 1件。

标本 M6:8,未修复。

钵 2件。修复1件,C型Ⅱ式。

标本 M6:3,夹砂黄褐陶,上腹施凹弦纹。敞口,外沿较宽,圆唇,折腹,内底下凹,假圈足、平底,修复。口径19.2、底径7.2、高7.4厘米(图五三:4,图版二二四)。

井 1件。B型Ⅱ式。

标本 M6:9,夹砂灰褐陶,局部黄褐。上、下腹各施粗凹弦纹2周。侈口,斜折沿,方唇,腹外斜弧,平底,修复。轮制,火候一般。口径24.4、底径23.6、高24.4厘米(图五三:5,图版二二五)。

铜器 仅钱币一种。

"五铢" 17枚。9枚可分型。青铜,锈蚀。方孔圆钱,面有外郭、无内郭,背有内、外郭。对书"五铢"两字。可分二型。

A型 8枚。直径2.5、穿径1、郭宽0.1、郭厚0.15~0.2厘米。3枚穿下半星。

标本 M6:10-1,五字交笔微曲,铢字金字头呈三角形、四点方短,朱字上横方折(图五三:6)。标本 M6:10-2,基本同M6:10-1(图五三:7)。

B型 1枚。直径2.6、穿径1厘米,外郭宽0.1、郭厚0.2厘米。下穿半星。

标本 M6:10-9,五字上、下两横略长,交笔弯曲;铢字金字头呈三角形、略低于朱字,朱字上横方折(图五三:8)。

20. M13

层位关系 3—M13→生土。

墓葬形制 近长方形竖穴土坑墓,一端略小。墓向4度。坑口、底长500、宽300、坑残深60~70厘米。坑底长宽比1.67:1。坑壁斜,侧壁斜度81度,端壁斜度86度。坑底较平,坑内填黄黏土(图五四)。

葬具 无。

人骨架 腐朽无存。

随葬品 出土陶、铜器17件。

陶器 11件。

鼎 2件。Cb型Ⅱ式。在所有同型式陶鼎中,此墓2件形体最大。

标本 M13:7,夹砂灰褐陶,局部褐。上腹施凸弦纹1周。盖覆钵形,弧顶,敞口,斜方唇;身敛口,内折沿,斜方唇,鼓下腹,上腹附加2对称方耳,下腹附加3兽蹄形足,圜底,修复。分制,火候一般。口径21.6、高26.2厘米(图五五:1,图版二二六)。标本 M13:8,夹砂黄褐陶,局部灰褐。上腹施凸弦纹1周。身敛口,内斜折沿,斜方唇,上腹较直、下腹外弧,上腹附加2对称方耳,下腹附加3兽蹄形足,圜底,残盖。分制,火候一般。口径22.8、残高24厘米(图五五:2,图版二二七)。

高领壶 2件。仅修复壶盖。

标本 M13:4,夹砂黄褐陶,局部灰褐、灰黑,红褐胎。素面。弧顶,沿内折,斜方唇,修复。

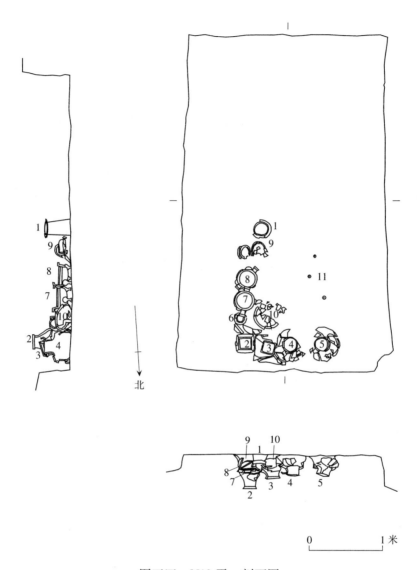

北

0　　　　　1 米

图五四　M13 平、剖面图

1. 陶井　2、3. 陶钫　4、5. 陶高领壶　6. 陶釜　7、8. 陶鼎　9. 陶灶　10. 陶盆　11. 铜“半两”　12. 陶小罐

口径 16、高 6 厘米（图五五:3，图版二二八）。标本 M13:5，夹砂黄褐陶，局部灰褐，红褐胎。素面。弧顶，沿内折，斜方唇，修复。口径 16.4、高 4.8 厘米（图五五:4，图版二二九）。

　　钫　2 件。仅修复钫盖。

　　标本 M13:2，夹砂黑衣陶，红褐胎。素面。平顶，四面斜直坡，沿微内斜折，方唇，修复。顶径 6.2、口径 16.8、高 6.4 厘米（图五五:5，图版二三〇）。标本 M13:3，夹砂黑衣陶，红褐胎。素面。残剩盖。平顶，四面斜直坡，沿内斜折，方唇，修复。顶径 6.4、口径 16、高 6 厘米（图五五:6，图版二三一）。

　　小罐　1 件。

　　标本 M13:12，夹砂黄褐陶，局部灰褐。肩施凹弦纹 2 周。侈口，卷沿，圆唇，圆肩，鼓腹，

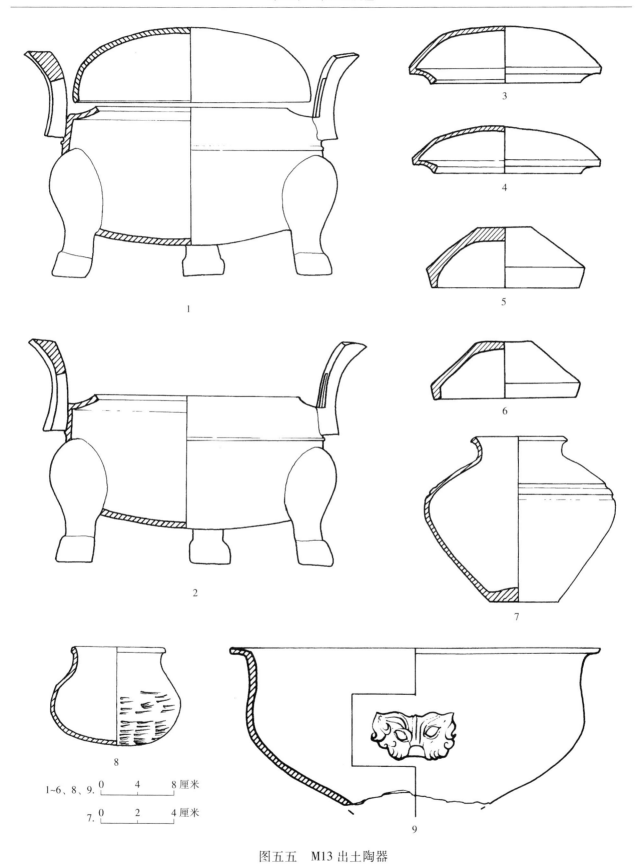

图五五　M13 出土陶器

1、2. Cb Ⅱ式鼎（M13:7、8）　3、4. 高领壶盖（M13:4、5）　5、6. 钫盖（M13:2、3）
7. 小罐（M13:12）　8. B Ⅱ式罐形釜（M13:6）　9. 陶盆（M13:10）

平底，修复。轮制，火候一般。口径5.4、底径3.6、高8.8厘米（图五五：7，图版二三二）。

罐形釜　1件。B型Ⅱ式。

标本M13：6，夹砂黄褐陶，局部灰褐。腹、底施篮纹。侈口，卷沿，圆唇，束颈，鼓腹，圜底，修复。轮制，火候一般。口径10.4、高10.4厘米（图五五：8，图版二三三）。

盆　1件。

标本M13：10，夹砂黑衣陶，胎外褐里灰。上腹施粗凹弦纹2周，下腹施细凹弦纹一周，腹施对称铺首贴塑，内壁饰红彩、图案不明。口微侈，折沿微斜，方唇，上腹微束，下腹弧收，残。轮制，火候一般。口径40.8、残高16.6厘米（图五五：9）。

灶　1件。

标本M13：9，未修复。

井　1件。

标本M13：1，未修复。

铜器　仅钱币一种。

"半两"　6枚。

标本M13：11，青铜，锈蚀严重。

21. M14

层位关系　2—M14→生土。

墓葬形制　长方形竖穴土坑墓。墓向188度。坑口、底长450、宽260、坑深210厘米。坑底长宽比1.73：1。坑壁垂直于坑底呈90度。坑底较平，坑内填黄黏土（图五六）。

葬具　无。

人骨架　腐朽无存。

随葬品　出土陶器7件。

鼓腹罐　2件。

标本M14：6，夹砂灰褐陶。素面。侈口，卷沿，圆唇，束颈，鼓腹，平底。完整。轮制，火候一般。口径10.6、底径8.8、高10.8厘米（图五七：1，图版二三四）。

卷沿罐　1件。Ⅰ式。

标本M14：4，夹砂黄褐陶，局部灰褐。肩施粗凹弦纹2周。圆肩，鼓腹，平底，残。轮制，火候一般。底径12.8、残高15厘米（图版二三五）。

小罐　2件。

标本M14：1，夹砂灰褐陶，局部红褐。肩上部施凹弦纹1周。侈口，沿外下折，圆尖唇，溜肩，鼓腹，假圈足、平底，完整。轮制，火候较高。口径6.4、底径6、高8厘米（图版二三六）。

标本M14：5，夹砂灰陶。肩施凹弦纹2道。侈口，卷沿，圆唇，矮颈，圆肩，鼓腹，下腹内斜收，平底，完整。口径6.6、底径6、高6.1厘米（图版二三七）。

钵　1件。

标本M14：3，夹砂黑陶，红褐胎。上腹施粗凹弦纹。鼓腹，平底，残。轮制，火候一般。底径12.3、残高10.2厘米。

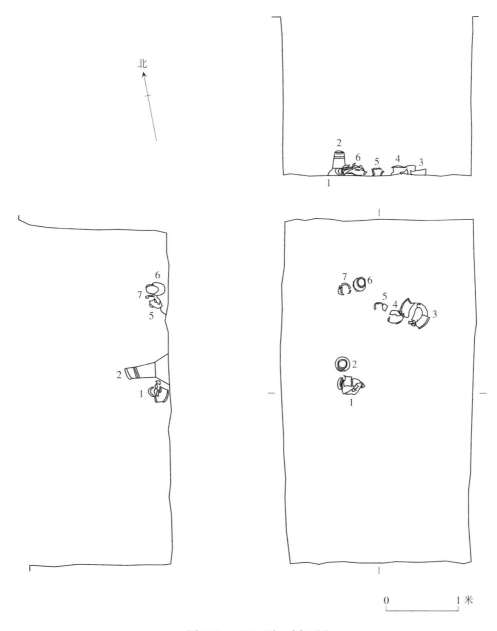

图五六　M14 平、剖面图
1、5. 陶小罐　2. 陶井　3. 陶钵　4、6、7. 陶罐

井　1件。A 型 I 式。

标本 M14:2，夹砂灰褐陶，局部灰。上腹施粗凹弦纹 2 周，沿面残留红色彩绘。口微敛，折沿近平、较宽，圆唇，腹外斜直，平底，修复。轮制，火候较高。口径 17.4、底径 20、高 21.6 厘米（图五七:2，图版二三八）。

22. M26

层位关系　3—M26→生土。

墓葬形制　长方形竖穴土坑墓。墓向 22 度。坑口、底长 340、宽 150、坑残深 48 厘米。坑底长

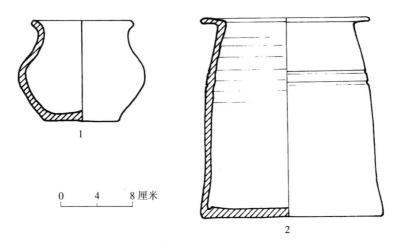

图五七　M14 出土陶器

1. 鼓腹罐（M14:6）　2. A I 式井（M14:2）

宽比 2.3:1。坑壁垂直于坑底呈 90 度。坑内填五花土（图五八，图版二三九）。

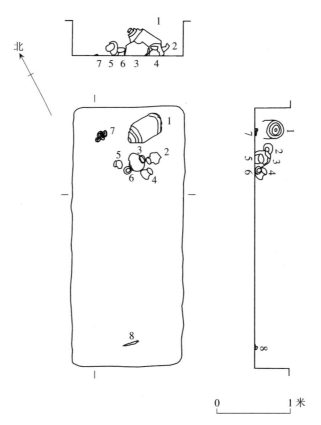

图五八　M26 平、剖面图

1. 陶仓　2~4. 陶罐　5、6. 陶釜　7. 铜"半两"　8. 铁匕

葬具　无。

人骨架　腐朽无存。

随葬品　出土陶器6件、铜"半两"数十枚、铁器1件。

陶器　6件。

卷沿罐　3件。

Ⅰ式　2件。

标本 M26∶3，夹砂黄褐陶，局部褐。侈口，卷沿，圆唇，矮束颈，圆折肩，鼓腹，平底，修复。轮制，火候一般。口径13.6、底径10.4、高16.4厘米（图五九∶1）。

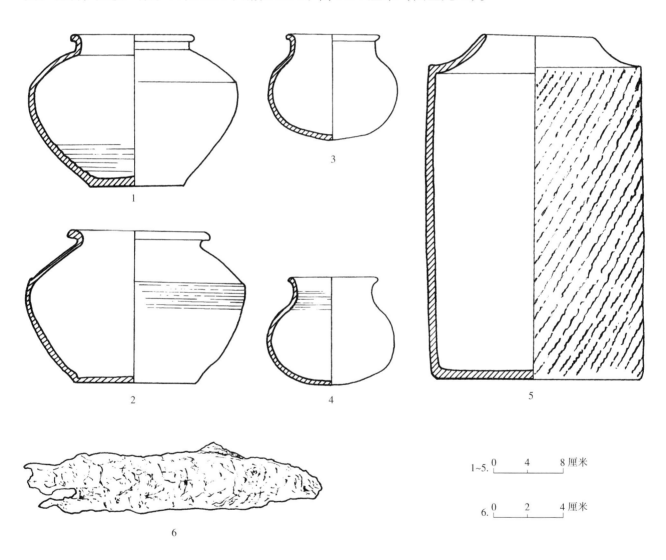

1~5. 0　　4　　8厘米

6. 0　　2　　4厘米

图五九　M26 出土器物

1. Ⅰ式陶卷沿罐（M26∶3）　　2. Ⅱ式陶卷沿罐（M26∶2）　　3、4. BⅡ式陶罐形釜（M26∶5、6）

5. 陶仓（M26∶1）　　6. 铁匕（M26∶8）

Ⅱ式。1件。

标本 M26∶2，夹砂黄褐陶，局部褐。腹施多道凹弦纹。侈口，卷沿，圆唇，矮束颈，斜折肩，鼓腹，平底，修复。轮制，火候一般。口径 13.6、底径 14.4、高 16.8 厘米（图五九∶2，图版二四〇）。

罐形釜　2件。B 型Ⅱ式。

标本 M26∶5，夹砂黄褐陶，素面，内壁多旋痕。侈口，卷沿，圆唇，束颈，鼓腹，圜底，修复。轮制，火候一般。口径 10、高 11.6 厘米（图五九∶3，图版二四一）。标本 M26∶6，素面，内颈部多旋痕。侈口，卷沿，圆唇，束颈，鼓腹，圜底，修复。轮制，火候一般。口径 10、高 12 厘米（图五九∶4）。

仓　1件。

标本 M26∶1，夹砂灰褐陶，局部灰。腹施斜竖绳纹。敛口，内斜折沿，圆唇，直腹，平底，修复。轮制，火候一般。口径 12.4、底径 22.8、高 37.6 厘米（图五九∶5，图版二四二）。

铜器　仅钱币一种。

"半两"　数十枚。

标本 M26∶7，青铜，锈蚀严重。

铁器　仅匕一种。

匕　1件。

标本 M26∶8，锈蚀严重。长条形，残甚。锻铸。残长 16.6、宽 3.2 厘米（图五九∶6，图版二四三）。

23. M27

层位关系　M19—M27→生土。

墓葬形制　长方形竖穴土坑墓。墓向 268 度。墓口、底长 300、宽 180、墓坑深 64 厘米。墓底长宽比 1.67∶1，坑壁垂直于坑底呈 90 度。坑底平，坑内填黑花土（图六〇，图版二四四）。

葬具　无。

人骨架　1具。腐朽，残存部分头骨及上肢骨。葬式仰身直肢，头向 92 度。

随葬品　出土陶、铜、铁器 17 件。

陶器　11件。

鼎　1件。

标本 M27∶7，夹砂灰黑陶，未修复。

高领壶　1件。Ab 型Ⅱ式。

标本 M27∶1，夹砂灰陶，局部灰褐。肩、腹各施凹弦纹 2 周。侈口，方唇，领外斜、略呈倒"八"字形，鼓腹，最大径略靠下，圈足较矮，外撇后向下直收。身与圈足分制，修复。口径 19.2、足径 19.2、高 44.8 厘米（图六一∶1，图版二四五）。

壶　1件。

标本 M27∶10，夹砂灰黑陶，未修复。

卷沿罐　1件。Ⅰ式。

标本 M27∶11，夹砂黄褐陶，局部灰褐。肩施凹弦纹 2 周。侈口，卷沿，圆唇，溜肩，鼓腹，平底，修复。轮制，火候一般。口径 12.4、底径 9.6、高 14 厘米（图六一∶2，图版二四六）。

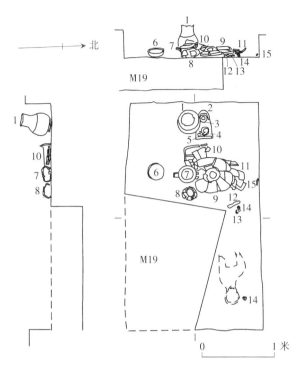

图六〇　M27 平、剖面图

1. 陶高领壶　2. 陶灶　3、5. 陶小罐　4. 陶甑　6. 陶盖　7. 陶鼎　8. 陶釜　9. 陶盆
10. 陶壶　11. 陶罐　12. 铁器　13. 襟钩　14. 铜"五铢"　15. 铜带钩

小罐　2 件。

标本 M27:3，夹砂红陶，素面。直口，圆唇，矮领近直，鼓肩，腹微弧，平底，修复。轮制，火候一般。口径 7.6、底径 6、高 5 厘米（图六一:3，图版二四七）。标本 M27:5，颈饰凹弦纹一周。口微侈，圆唇，束颈，鼓腹，平底。修复。口径 8、底径 6.4、高 13.6 厘米（图六一:4，图版二四八）。

罐形釜　1 件。A 型 Ⅱ 式。

标本 M27:8，夹砂黑衣陶，黄褐胎。腹、底施篮纹。侈口，卷沿，圆唇，束颈，鼓腹，圜底，修复。口径 18.4、高 12.8 厘米。（图六一:5，图版二四九）。

盆　1 件。

标本 M27:9，夹砂灰黑陶，未修复。

甑　1 件。

标本 M27:4，夹砂红褐陶，素面。侈口，圆唇，领较矮、微外斜，斜折肩，腹斜直内收，平底。修复。轮制，火候一般。口径 8、底径 5.2、高 6 厘米（图六一:6）。

盖　1 件。

标本 M27:6，夹砂黄褐陶，局部灰褐。素面。敞口，斜方唇，弧腹，圜底，修复。轮制，火候一般。口径 20.8、高 6.4 厘米（图六一:7）。

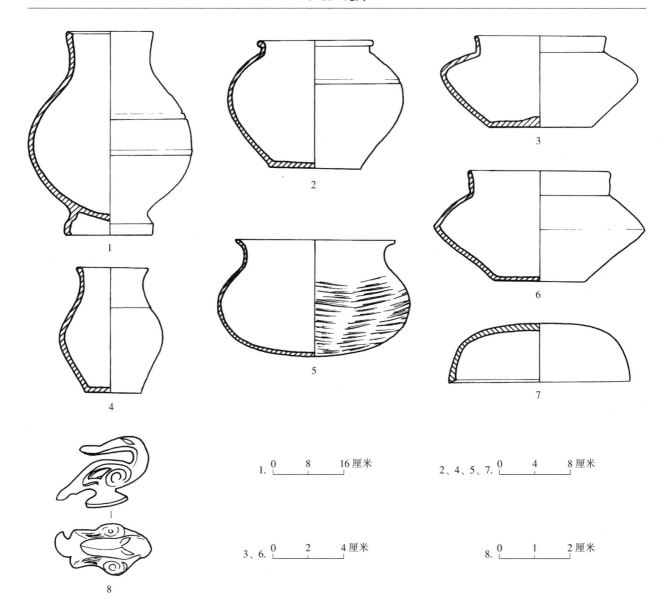

图六一　M27 出土器物

1. AbⅡ式陶高领壶（M27:1）　2. Ⅰ式陶卷沿罐（M27:11）　3、4. 陶小罐（M27:3、5）　5. AⅡ式陶罐形釜（M27:8）

6. 陶甑（M27:4）　7. 陶盖（M27:6）　8. 铜襟钩（M27:13）

灶　1 件。

标本 M27:2，未修复。

铜器　5 件。

带钩　1 件。

标本 M27:15，青铜，锈蚀严重，未修复。

襟钩　1 件。

标本 M27:13，青铜，锈蚀。鸭形，完整。范铸。长 2.7、宽 1.4、高 2 厘米（图六一:8）。

"五铢"　3 枚。

标本 M27：14，青铜，锈蚀严重。

铁器　1 件。

标本 M27：12，长条形，锈蚀严重，不辨器形。

24. M48

层位关系　5—M48→生土。

墓葬形制　长方形竖穴土坑墓。墓向 200 度。坑口长 350、宽 170、坑底长 340、宽 160、坑深 175 厘米。坑底长宽比 2.1:1。坑壁微斜，斜度 87 度。坑底较平，坑内填灰褐、黄褐五花土（图六二）。

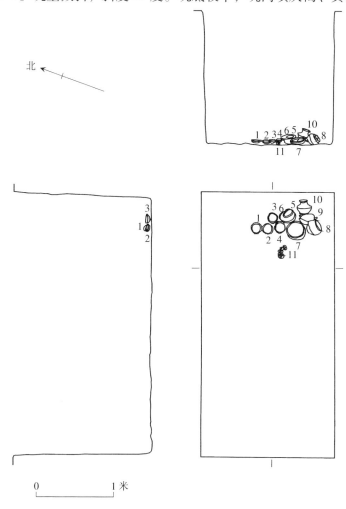

图六二　M48 平、剖面图

1~5. 陶豆　6、7. 陶钵　8、9. 陶鼎　10. 陶罐　11. 铜"半两"

葬具　无。

人骨架　腐朽无存。

随葬品　陶、铜器 26 件。

陶器 10件。

鼎 2件。Aa型Ⅱ式。

标本M48:8，夹细砂灰褐陶，局部灰黑。素面。鼎盖覆盘状，敞口，方唇；鼎身敛口，矮沿，圆唇，斜折肩，肩部附耳、外撇，腹较直，圜平底，圆锥状足、微外撇，足尖外卷贴于足外下部、足根抹平，修复。口径10.4、高16厘米（图六三:1，图版二五○）。标本M48:9，残存盖。夹细砂灰褐陶，局部红褐。素面。覆盘状，圜顶，敞口，圆唇。火候一般，手制轮修。口径14.8、高2厘米（图六三:2，图版二五一）。

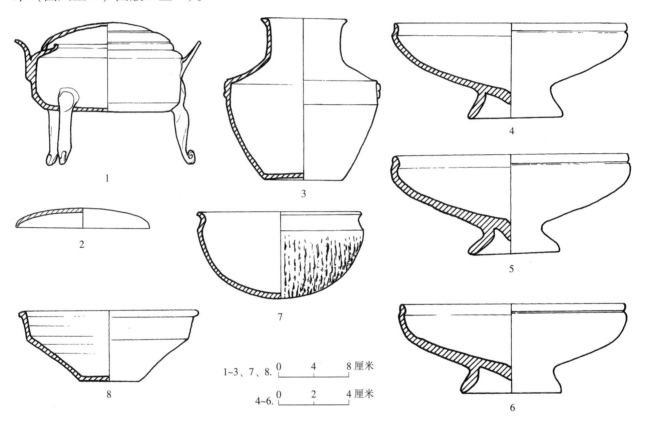

图六三 M48出土陶器

1. Aa Ⅱ式鼎（M48:8） 2. 鼎盖（M48:9） 3. 长颈罐（M48:10）
4~6. 豆（M48:1、2、4） 7. A型钵（M48:7） 8. C型钵（M48:6）

长颈罐 1件。

标本M48:10，夹细砂灰陶，局部灰褐。领部施凹弦纹2道，上腹近肩部贴塑横"S"泥塑。侈口，窄折平沿，圆尖唇，领微束，折肩，上腹微折、下腹弧、平底，完整。轮制，火候一般。口径10、底径8.8、高17.6厘米（图六三:3，图版二五二）。

豆 5件。尖底盏附加小矮圈足而成。

标本M48:1，夹砂细黑陶，红褐胎、部分胎心灰褐。素面。口微敛，圆唇，外沿有凹槽一周，腹微弧，小矮圈足、外撇。火候一般，手制、轮修。口径13.2、足径5.4、高5.2厘米（图六三:4，

图版二五三）。标本 M48∶2，夹细砂灰褐陶，素面。口微敛，圆唇，外沿有凹槽一周，腹微弧，小矮圈足、外撇。火候一般，手制、轮修。口径 13.6、足径 5.5、高 5.4 厘米（图六三∶5，图版二五四）。标本 M48∶4，夹细砂灰褐陶，素面。口微敛，圆唇，外沿凹槽一周，腹微弧，小矮圈足，完整。口径 12.8、足径 5.6、高 4.8 厘米（图六三∶6，图版二五五）。

钵 2 件。

A 型 1 件。

标本 M48∶7，夹砂黄褐陶，局部褐。腹施竖绳纹。侈口，卷沿，圆唇，弧腹，圜底，修复。火候较高，手制、轮修。口径 18.4、高 9.2 厘米（图六三∶7，图版二五六）。

C 型 1 件。

标本 M48∶6，夹细砂灰褐陶、局部黑。素面。敞口，外下窄沿，圆唇，折腹，平底，修复。火候较高，手制、轮修。口径 20、底径 6.8、高 8 厘米（图六三∶8，图版二五七）。

铜器 仅钱币一种。

"半两" 16 枚。

标本 M48∶11，青铜，锈蚀严重。

第八节 庚类墓

一 庚类墓特点

庚类墓只有 3 座，M10、M44、M45。均为长方形竖穴土坑墓，无葬具。以坑底计，长度在 295～340 厘米，宽度在 90～150 厘米，长宽比 2∶1 以下 1 座（M44），3.8∶1 一座（M45）。坑壁垂直于坑底的 1 座（M10），斜壁 2 座，斜度在 81～86 度。坑底平或较平，距地表最浅 70、最深 200 厘米。坑内填黄、黑黏土或灰黑土。

随葬品仅出数枚铜钱或无。

二 墓葬分述

25. M10

层位关系 3—M10→生土。

墓葬形制 近长方形竖穴土坑墓。墓向 12～192 度。坑口、底残长 100、宽约 82、坑深 55 厘米。坑壁垂直于坑底呈 90 度。坑底编织物炭化痕迹，坑内填黄褐黏土（图六四）。

葬具 无。

人骨架 腐朽无存。

随葬品 仅有铜钱数枚，钱文漫漶，不能辨认。

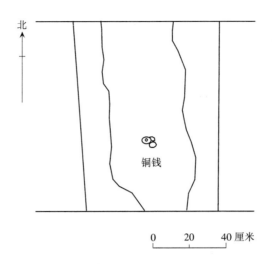

图六四　M10平面图

26. M44

层位关系　M45→M44→M43

墓葬形制　长方形竖穴土坑墓。墓向40～220度。坑口长305、宽160、坑底长295、宽150、坑深60～70厘米。坑底长宽比1.97：1。坑壁微斜，斜度87度。坑底较平，坑内填灰黑土（图六五）。

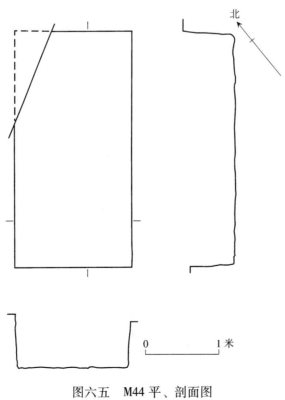

图六五　M44平、剖面图

葬具　无。

人骨架　无。

随葬品　无。

27. M45

层位关系　4—M45→M44。

墓葬形制　长方形竖穴土坑墓。墓向 60~240 度。坑口长 350、宽 100、坑底长 340、宽 90、坑深 65 厘米。坑底长宽比 3.8∶1。坑壁斜度 81 度。坑底较平，坑内填灰黑黏土（图六六）。

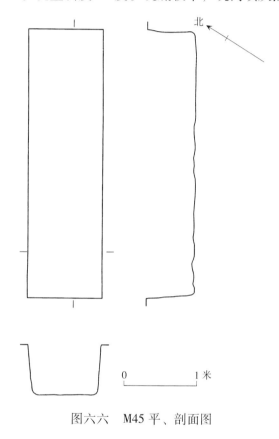

图六六　M45 平、剖面图

葬具　无。

人骨架　无。

随葬品　无。

第九节　其他类墓

因施工破坏，墓葬形制不明，不能参加土坑墓分类的墓葬，编号 M01。从调查了解和发掘分析看，被施工破坏的墓葬 M01 应该为土坑墓，数量不能肯定为 1 座。追缴文物有铜器、铁器、玉器等。

铜器　13 件。

提梁卣　1 件。

标本 M01:01，青铜，锈蚀。提梁饰变形卷云纹，腹从上往下为几何纹、竖棱纹、凤鸟纹。提梁呈两端羊头窄长条形，短圆柱形挂扣；身截面略呈扁椭圆形。子母口，方唇，上腹微内斜、下腹外鼓，腹侧有两两相对扉棱 4 条，内底下凹，矮圈足、微外斜，缺盖。分铸。口长径 15.4、短径 10.2、高 37.5 厘米（图六七:1，图版二五八、二五九）。

匕（铲）　2 件。

标本 M01:02，青铜，锈蚀。铲形，前段外凸，半圆柱形柄、中空，残。范铸。残长 8.5、残宽 10 厘米（图六七:2，图版二六○）。标本 M01:03，青铜，锈蚀。铲形，前段外凸，半圆柱形柄、中部以圆形穿，残。范铸。残长 10、残宽 10.2 厘米（图版二六一）。

带钩　1 件。B 型。

标本 M01:04，青铜，锈蚀。兽头形弯钩，钩身较扁，尾较宽、上有凸棱 2 道，背面近尾部有椭圆形扣，完整。范铸。长 8.8、最宽 1.1 厘米（图六七:3，图版二六二）。

剑　3 件。

标本 M01:05，青铜，锈蚀。身中部饰卷云纹，后部饰兽首纹。柳叶形，尖锋，弧斜从，锷较锋利，扁茎，上有大、小 2 圆形穿，完整（图上完整，实物茎残）。范铸。长 26、最宽 2.8、厚 0.5 厘米（图六七:4，图版二六三）。标本 M01:06，青铜，略呈黑漆古，局部绿色锈，从部施错银？菱形纹。长条形，分身、茎两部分。尖锋，凸脊，斜从，锷锋利、多小残豁；扁柱形茎，上缠黄色细绳索，基本完整。锻铸。长 66.7、最宽 4.1、厚 0.9 厘米（图六七:5，图版二六四）。标本 M01:07，黑漆古，有绿色锈，格面近方形框内错金呈两对四面八只蝙蝠形纹。长条形，分身、格、茎三部分。身尖锋、平脊、斜从，锷锋利、局部残豁；菱形格；扁平茎，茎尾部施 3 个小圆形穿，基本完整。分制。长 77.4、身最宽 3.7、厚 0.5 厘米（图六七:6，图版二六五）。

戈　1 件。

标本 M01:08，青铜，锈蚀。弧尖锋，较直援、较长，长胡三窄长方形穿，胡、内间有栏，长方形内，近中部有窄长条形穿，完整。范铸。长 19.5、宽 11.8、拦部厚 0.8 厘米（图六七:7，图版二六六）。

矛　3 件。

标本 M01:09，锈蚀。叶中、后部脊两侧饰繁体"门"字形纹，骹中上部饰几何形纹，弧尖锋，隆脊、中后部有细凹槽，叶较宽，刃较锋利，圆筒形较短骹，骹中下部有凸脊圆形穿，完整。范铸。长 19.1、最宽 3 厘米（图六七:8，图版二六七）。标本 M01:010，锈蚀。弧尖锋，隆脊，叶较宽，刃较直、锋利，较长圆筒形骹，骹中部凸脊形圆穿，较完整。范铸。长 24.8、最宽 3 厘米（图六七:9，图版二六八）。标本 M01:011，锈蚀。弧尖锋，弧尖锋，隆脊，叶较窄，刃较斜直、锋利，长圆筒形骹，骹中部凸脊形圆穿，完整。范铸。长 26.8、最宽 2.7 厘米（图六七:10，图版二六九）。

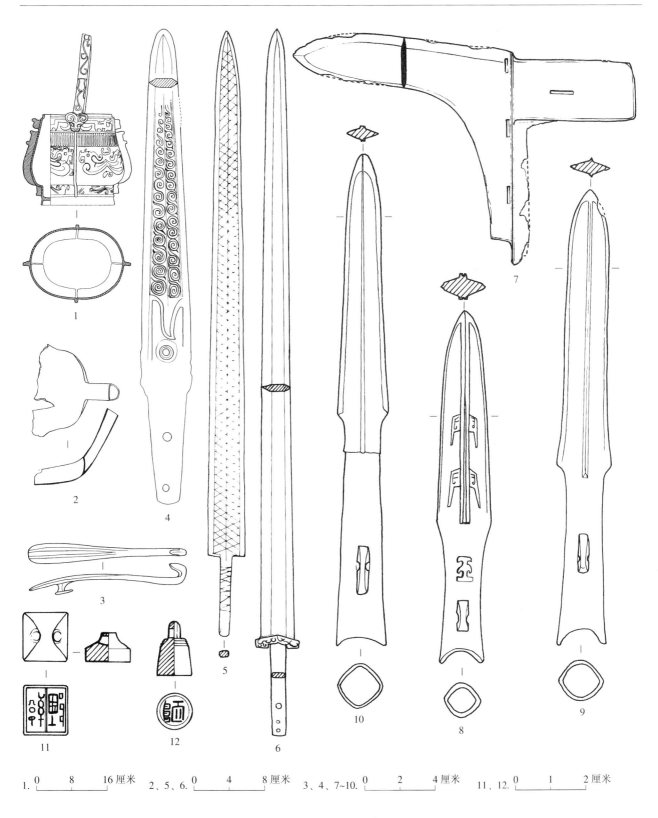

图六七　M01 出土铜器

1. 铜提梁卣（M01:01）　2. 铜匕（M01:02）　3. B 型铜带钩（M01:04）　4~6. 铜剑（M01:05、06、07）
7. 铜戈（M01:08）　8~10. 铜矛（M01:09、010、011）　11、12. 铜印章（M01:012、013）

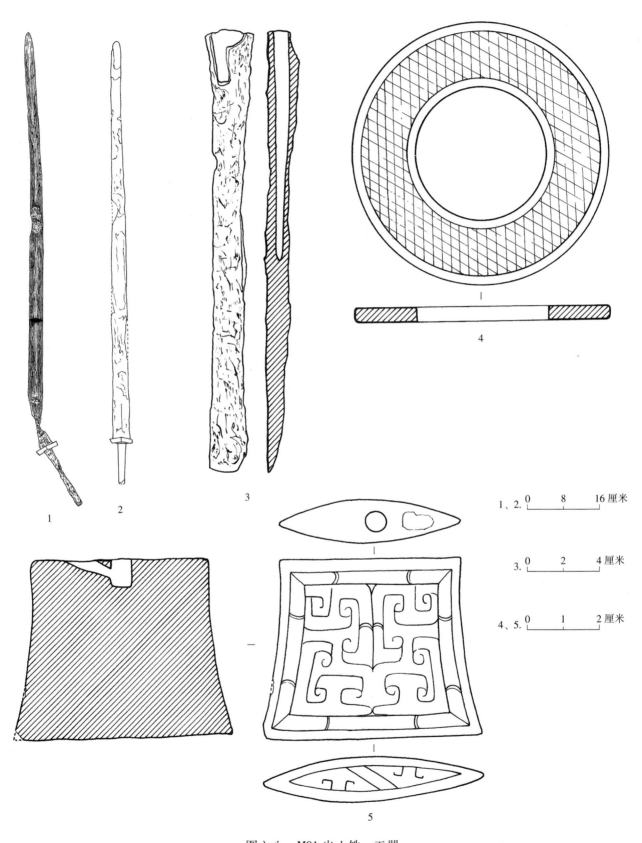

图六八　M01 出土铁、玉器

1、2. 铁剑（M01:014、015）　3. 铁凿（M01:016）　4. 玉璧（M01:017）　5. 玉珌（M01:018）

印章　2件。

标本 M01：012，青铜，锈蚀。近方形，背部鼻形钮，阴刻印文待识。完整。范铸。长 1.3、宽 1.2、厚 0.7 厘米（图六七：11，图版二七○、二七一）。标本 M01：013，青铜，含铅、锡较高，呈黑色。施细凹弦纹 3 道。钟形，环钮，印面圆，阳刻印文待识。完整。范铸。直径 0.8、高 0.9 厘米（图六七：12，图版二七二、二七三）。

铁器　3件。

剑 2件。

标本 M01：014，锈蚀。多木制剑鞘痕迹。弧尖形锋，弧从，锷较锋利、有大、小残豁，后部近格处锈蚀成窄条弯曲，近菱形格，扁长条形茎，基本完整。锻铸。长 102.5、最宽 3.2、厚 0.9 厘米（图六八：1，图版二七四）。标本 M01：015，锈蚀严重。长条形，分身、格、茎三部分。剑身残留木制剑鞘痕。锋残，凸脊、微弧从，锷较锋利，多大、小残豁；菱形格，扁平茎、尾部残。分制。残长 95.3、身最宽 3.8、厚 0.8 厘米（图六八：2，图版二七五）。

凿　1件。

M01：016，锈蚀严重。窄长条形，扁四棱柱形身，刃较直，椭圆形銎、稍宽，基本完整。范铸。长 23.5、宽 1.8、厚 1.2 厘米（图六八：3，图版二七六）。

玉器　2件。

璧　1件。

标本 M01：017，白色泛青，局部黄色沁、有裂隙。内部饰谷纹。圆形，完整。磨制。直径 6.9、好径 3.5、厚 0.35 厘米（图六八：4，图版二七七）。

珌　1件。

标本 M01：018，青玉、泛白，局部有黄色或黄白色沁。两面外侧阴刻焖纹，中部阳刻饕餮纹，顶部阴刻几何纹，底中部施圆形穿、一侧施椭圆形穿，两穿间通圆形孔。正面略呈倒梯形，截面呈棱形，平顶、平底，腰微弧，完整。磨制。顶长 6、底长 5，最厚 1.2 厘米（图六八：5，图版二七八）。

第四章 汉代砖室（棺）墓

14座砖室（棺）墓中（附表二），砖室墓9座、砖棺墓5座。砖室墓被盗、扰非常严重，除M9出土较多随葬品外，其他各墓出土器物极少或不出，所以，我们更多的只能从墓葬形制方面来认识这批墓葬。砖棺葬虽然只发现5座，随葬品数量和种类也很少，但在以往发现的材料中极少见，为我们了解汉代葬制、葬俗提供了新材料。

第一节 砖室墓

汉代砖室墓共9座，分别为M5、M7、M8、M9、M15、M19、M34、M35、M39。墓坑平面呈长方形。

一 墓葬特点

墓坑均为长方形竖穴土坑，在土坑靠近坑壁砌建砖室。以坑底计，长度330～460、宽度在150～183厘米。坑底长宽比2:1以下的有M5、M7、M15、M19、M35，2.1至3.1的有：M8、M9、M34、M39。墓坑最浅38、最深204厘米，坑底距地表最浅78、最深228厘米。坑底大都平，只有M8不平。坑内填土较杂，有五花土、黄黏土、灰褐土、灰黑土。

二 墓葬分述

28. M5

层位关系 2—M5→M16。

墓葬形制 长方形竖穴土坑砖室墓。墓向12～192度。破坏严重，残存部分四壁砖和底砖，砖室紧靠坑壁、底。壁砖错缝砌筑，地砖大部遭破坏，铺法不明。长330、宽250、残深55厘米。长宽比1.3:1，墓底平，坑内填灰黑土（图六九）。

葬具 无。

人骨架 无。

墓砖 素面，长50、宽25、厚8厘米。

随葬品 残存极少碎陶片。

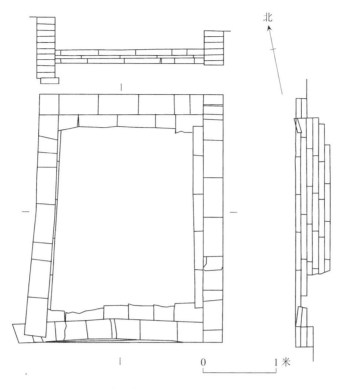

北

0   1 米

图六九　M5 平、剖面图

29. M7

层位关系　2—M7→生土。

墓葬形制　长方形竖穴土坑砖室墓。墓向 5 ～ 185 度。破坏严重，残存部分四壁砖和底砖。壁砖错缝砌筑，在东、西两壁残存 2 层卷顶砖，底砖错缝平铺。长 408、宽 230、残深 138 厘米。长宽比 1.8∶1。墓底平、内填五花土（图七○）。

葬具　无。

人骨架　零星碎骨。

墓砖　素面，有 3 型。

A 型　壁砖，长方形，长 50、宽 19、厚 10 厘米。

B 型　卷砖，契形砖，长 50、宽 22、厚 6/9 厘米。

C 型　铺底砖，长方形，长 50、宽 24、厚 9 厘米。

随葬品　残存极少夹砂灰陶片及铜锈斑点。

30. M8

层位关系　1—M8→2。

墓葬形制　长方形竖穴土坑砖室墓。墓向 86 ～ 266 度。破坏严重，残存部分三壁砖和底砖。壁砖错缝砌筑，底砖错缝平铺、中部遭破坏。墓口残长 70、宽 182、墓底长 440、宽 186、残深 32 厘米。长宽比 2.4∶1。墓底中部变形下凹，坑内填黄黏土（图七一）。

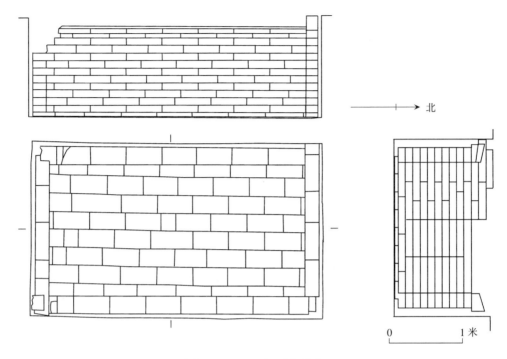

图七〇　M7 平、剖面图

葬具　无。

人骨架　无。

墓砖　素面。长41、宽21、厚8厘米。

随葬品　出土陶罐1、釜1、碗3、钵3、房1、仓1残片和五铢1、大泉五十6、货泉2等。

陶钵　3件。修复1件。

标本M8:3，夹砂灰陶，局部灰褐。上腹施较粗凹弦纹2周，内底中部刻画鱼纹、壁施璇纹。敞口，外沿较宽，圆唇，折腹，假圈足，内底下凹，修复。轮制，火候较高。口径19.8、足径6.9、高7.4厘米（图七二，图版二七九、二八〇）。

铜器　9件，全为钱币。

"五铢"　1枚。

标本M8:12，青铜，锈蚀严重。钱纹依稀可辨。

"大泉五十"　6枚。

标本M8:13，青铜，锈蚀严重。钱纹依稀可辨。

"货泉"　2枚。

标本M8:11，青铜，锈蚀严重。钱纹依稀可辨。

31. M9

层位关系　1—M9→2。

墓葬形制　长方形竖穴土坑砖室墓。墓向77～257度。破坏严重，残存部分四壁和底。壁砖错

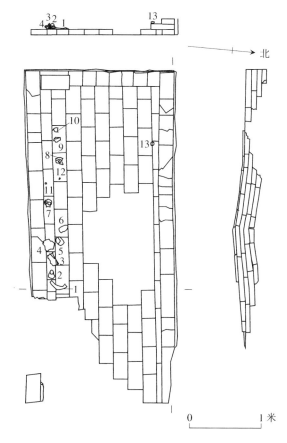

图七一　M8 平、剖面图

1. 陶仓残片　2、6、7. 陶碗残片　3、5、8. 陶钵残片　4. 陶房　9. 陶铜罐残片

10. 陶釜残片　11. 铜“货泉”　12. 铜“五铢”　13. 铜“大泉五十”

缝砌筑，底砖错缝平铺。墓口残长 92、宽 192、墓底长 584、宽 190，残深 62 厘米。长宽比 3.1:1，墓底平，墓内填灰褐土（图七三，图版二八一）。

葬具　陶棺 2 具（？）。

人骨架　2 具（？）残存少量头、肢骨，部分散落棺外。

墓砖　可分 2 型。

A 型　壁砖，菱形花边砖，长 36、宽 20、厚 8 厘米。

B 型　铺底砖，素面。

Ba 型，长 46、宽 24、厚 9 厘米。

Bb 型，长 35、宽 20、厚 8 厘米。

随葬品　出土陶、铜、铁器 45 件。

陶器　40 件。

鼎　1 件。

标本 M9:16，残剩鼎耳。

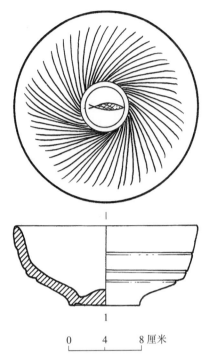

0　　4　　8厘米

图七二　M8 出土陶钵

1. 陶钵（M8：3）

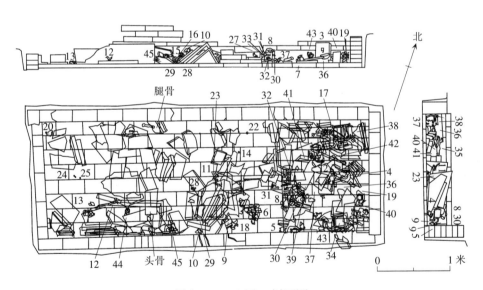

图七三　M9 平、剖面图

1. 执凿俑　2、32. 执箕俑　3、7、37、38. 陶房（残）　4. 陶鸡　5、31. 陶鸳鸯（残）　6. 抚琴俑　8、35. 舞俑（残）
9. 陶灶　10. 听琴俑　11、12. 陶鸽　13. 陶俑　14、30. 陶纺轮　15. 猪（残）　16. 陶鼎耳（残）　17、27. 陶狗
18、19. 陶罐（残）　20. 摇钱树小叶片　21～23. 铜"五铢"　24. 铜小鱼饰　25. 陶柱形器　26. 陶猪头（残）
28. 铜钱币　29. 陶？　33. 击鼓俑　34. 陶井　36. 陶钵（残）　39. 陶蒜头壶（残）　40. 陶仓（残）
41. 摇钱树大叶片（残）　42. 铁刀　43、44. 拢袖俑（残）　45. 坐俑

蒜头壶　1 件。

标本 M9：39，残。

罐　2 件。

标本 M9：18，夹砂灰陶，局部灰褐。肩施凹弦纹 2 周。侈口，卷沿，圆唇，圆肩，鼓腹，平底，修复。轮制，火候一般。口径 10.8、底径 12.4、高 16 厘米（图七四：1，图版二八二）。标本 M9：19，素面。侈口，卷沿，圆唇，溜肩，鼓腹，平底，修复。轮制，火候一般。口径 12、底径 12.8、高 16 厘米（图七四：2）。

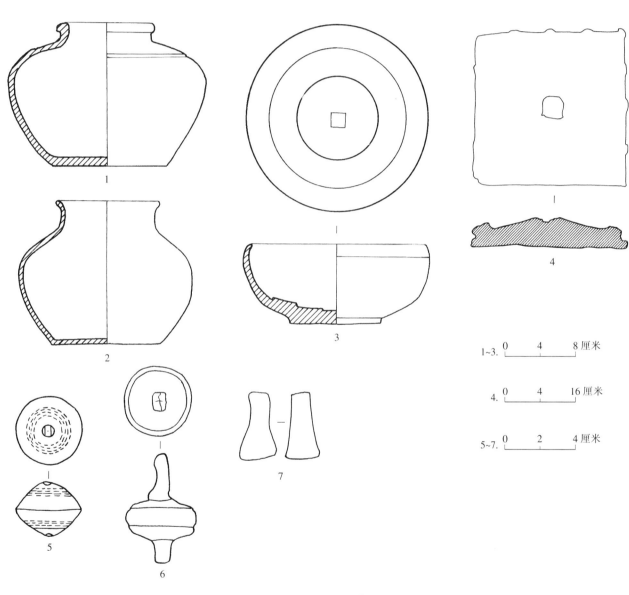

图七四　M9 出土陶器

1、2. 陶罐（M9：18、19）　3. 陶钵（M9：36）　4. 陶房顶（M9：37）

5、6. 陶纺轮（M9：14、30）　7. 陶柱形器（M9：25）

钵　1件。

标本 M9:36，夹砂灰褐陶，局部红褐。上腹施凹弦纹1周。敛口，圆唇，微鼓腹，矮假圈足，修复。口径20、足径10.4、高8.8厘米（图七四:3，图版二八三）。

灶　1件。

标本 M9:9，夹砂红陶，局部褐。长方形，灶面置上小下大2个灶孔，下端中下部置灶门，修复。分制，火候一般。长24.8、宽16.8、最厚8.8厘米（图版二八四）。

房　4件。

标本 M9:3，夹砂红陶，局部红褐。平顶，平底，中立两对4柱，下穿2矮横板，修复。分制。火候一般。长33、宽11.2、高22.8厘米（图版二八五）。标本 M9:37，残剩房顶（?）略呈四方形，顶部隆起，中部呈方形下凹，周边起棱，底部较平，手制，火候一般。长35.2、宽34、厚6.4厘米（图七四:4）。

仓　1件。

标本 M9:40，残。

井　1件。

标本 M9:34，残。

纺轮　3件。

标本 M9:14，泥质灰陶。上、下施细凹弦纹4周。算珠形，近尖顶、底，中部折棱，中有圆形穿，穿内残留铁柱，完整。轮制，火候一般。直径3.8、高3厘米（图七四:5，图版二八六）。标本 M9:30，泥质红陶，上、下各有凸弦纹1周。算珠形，顶、底弧，微鼓腹，中有圆形穿，穿中残留较长铁柱，完整。轮制，火候一般。直径4、高2.4、柱残长6厘米（图七四:6，图版二八七）。

柱形器　1件。

标本 M9:25，夹砂黑陶。素面。圆锥柱形，上小、下略大，平底，顶残。手制，火候一般。底径2、残高3.6厘米（图七四:7）。

饰件?　1件。

标本 M9:29，残，不明器形。

俑　23件。

执箕俑　2件。

标本 M9:2，夹砂灰黑陶，局部灰褐。直立，着中长短裙。头上有髻，面相模糊，略有口、鼻、耳，双手执箕置胸腹间，分足，修复。手制，火候一般。高13.2厘米（图七五:1）。标本 M9:32，夹砂红陶，局部红褐。站立，有头饰，着交领短裙，左手身侧执箕，右手执物腹前，腿下残。手制，火候一般。残高11.8厘米（图七五:2，图版二八八）。

执凿俑　1件。

标本 M9:1，夹砂红陶，局部红褐。直立，上身略前倾。着短裙，椎髻，面相模糊，略有眉、眼、鼻、口，右臂屈置腰间做执凿状，左臂屈置腹前，直腿，并足，完整。手制，火候一般。高13.3厘米（图七五:3，图版二八九）。

腹袋俑　1件。

图七五 M9 出土陶俑

1、2. 执箕俑（M9:2、32） 3. 执凿俑（M9:1） 4. 腹袋俑（M9:46） 5. 抚琴俑（M9:6）
6. 听琴俑（M9:10） 7. 击鼓俑（M9:33） 8. 舞俑（M9:35） 9、10. 拢袖俑（M9:43、44）

标本 M9:46，夹砂红陶。站立，头微左倾，鼻明，眉、眼、口、耳模糊。着短裙，双手置腹袋中，修复。高 15.4 厘米（图七五:4，图版二九○）。

抚琴俑　1 件。

标本 M9:6，夹砂红褐陶，局部红。跪坐，戴帽，身着右衽长服，五官较清，琴横置膝上，双手做抚琴状，较完整。手制，火候一般。宽 20.2、高 20.4 厘米（图七五:5，图版二九一）。

听琴俑　1 件。

标本 M9:10，夹砂红褐陶，残剩头部。戴帽，五官较清，左手作附耳状。残高 8.8 厘米（图七五:6，图版二九二）。

击鼓俑　1 件。

标本 M9:33，夹砂红陶，局部红褐。跪坐，头戴冠，面容微笑，五官较清，额有皱纹 2 道，身着里衣、外着交领长服，宽袖。鼓置双膝间，左手拍于鼓面，右手握拳于右腰前，修复。手制，火候一般。高 20 厘米（图七五:7，图版二九三）。

舞俑　2 件。

标本 M9:35，夹砂红陶，局部红褐。头戴冠，着交领长裙，五官较清，身左侧，左手上举至头侧，右手置臀后，右腿置左前略曲，裙摆微折、很有动感，修复。手制，火候一般。高 29.6 厘米（图七五:8，图版二九四）。

拢袖俑　3 件。

标本 M9:43，夹砂红褐陶，局部红。站立，头戴冠，身着曲裙深衣，交领、广袖。五官不清，双手拢于胸腹间，修复。高 24.6 厘米（图七五:9，图版二九五）。标本 M9:44，夹砂红陶，局部红褐。头残。余略同 M9:43。前腹及下，由横折及斜折，右足尖露出裙外。手制，火候一般。残高 20.2 厘米（图七五:10，图版二九六）。

坐俑　1 件。

标本 M9:45，残甚。

狗　2 件。

标本 M9:17，夹砂红桃，前爪红褐。颈饰颈圈，前腰饰带。站立，头微扬，矮直耳，龇牙咧嘴，尾卷曲置后腰上，修复。分制，火候一般。长 32、高 22.8 厘米（图七六:1，图版二九七）。标本 M9:27，残剩狗足。

猪　2 件。

标本 M9:15，夹砂灰陶，局部灰褐。器表施细划纹。站立，残头、尾。手制，火候一般。残长 23.2、高 16 厘米（图七六:2，图版二九八）。标本 M9:26，残剩头局部。

鸡　2 件。

标本 M9:4，夹砂红陶，足灰黑。直立，顶有冠，体丰满，翅、尾有羽毛，尾上翘后下卷，喙残。手制，火候一般。长 20、高 23.6 厘米（图七六:3，图版二九九）。标本 M9:47，夹砂红陶，局部黄。站立，头有鸡冠、微左侧，短喙，丰胸，翘尾，完整。手制，火候一般。长 20、高 21.8 厘米（图版三○○）。

鸽　2 件。

图七六 M9 出土器物

1. 陶狗（M9:17）　2. 陶猪（M9:15）　3. 陶鸡（M9:4）　4. 陶鸽（M9:12）　5. 陶鸳鸯（M9:31）　6. 铁刀（M9:42）

标本 M9:11，夹砂灰陶。鸟形，短喙，眼明，爪残。长 8.4、残高 6.6 厘米（图版三〇一）。标本 M9:12，夹砂灰陶。鸟形，短喙，眼明，丰胸，扁尾，下腹有圆形镂孔，空腹，修复。手制，火候一般。长 8.4、高 8.5 厘米（图七六:4，图版三〇二）。

鸳鸯　2 件。

标本 M9:31，夹砂红褐陶，局部红。背饰羽毛，尾施戳印纹。站立，鸟头，眼明，喙微下垂，短颈，丰胸短尾，修复。手制，火候一般。长 14.8、高 12.4 厘米（图七六:5，图版三〇三）。

铜器　7 件。

鱼饰　1件。

标本M9:24，青铜，锈蚀严重。残。

摇钱树片　2件。

标本M9:20，青铜，锈蚀严重，摇钱树残叶片。标本M9:41，青铜，锈蚀严重，摇钱树大叶片（图版三〇四）。

"五铢"　数枚

标本M9:21、22、23、28，青铜，锈蚀严重，钱文模糊可辨。

铁器　仅刀一种。

刀　1件。

标本M9:42，锈蚀严重。长条形，环柄，刀背略厚，刃薄，基本完整。长63.2、宽3.2厘米（图七六:6，图版三〇五）。

32. M15

层位关系1—M15→生土。

墓葬形制　长方形竖穴土坑砖室墓。墓向10～190度。破坏严重。残存部分壁砖和底砖。壁砖为错缝砌筑，底砖为错缝纵铺。墓口、底长460、宽240、残深77厘米。墓底长宽比1.9:1。坑壁垂直于坑底呈90度，坑底较平、距地表深95厘米。坑内填黄黏土（图七七）。

葬具　无。

人骨架　无。

墓砖2种。

A　素面砖　长49、宽19、厚9.5厘米。

B　钱纹砖　仅存半匹，残长14、残宽11、厚8厘米。

随葬品残存鼎、罐、甑、匜等残片。

鼎　1件。

标本M15:1，夹砂黑陶。残剩足及部鼎分下腹。

罐　1件。

标本M15:2，夹砂灰黑陶，局部黑，红褐胎、局部胎芯灰。肩施粗凹弦纹三道。侈口，卷沿，圆唇，矮领微束，圆肩，鼓腹，残。轮制，火候一般。口径10、残高10.9厘米（图七八:1）。

蒜头壶?　1件。

标本M15:3，夹砂黑陶，红褐胎。素面。近直口，斜方唇，矮领，斜肩，弧腹，残。轮制，火候一般。口径5.8、残高4.8厘米（图七八:2）。

纺轮　2件。

标本M15:4，夹砂黑陶，灰褐胎。顶、腰施螺旋纹。圆顶，折腰，底微残。轮制，火候一般。残高1.4厘米（图七八:3）。标本M15:5，夹砂黑陶，灰褐胎。顶、腰施螺旋纹。圆顶，折腰，底残。轮制，火候一般。残高1.35厘米。

33. M19

层位关系　2—M19→M27。

图七七 M15 平、剖面图

1. 陶鼎

　　墓葬形制 长方形竖穴土坑砖室墓。墓向161～341度。破坏严重，残存部分四壁及墓底砖。墓口、底长330、宽235、残深95厘米。长宽比1.4：1。坑壁垂直于坑底呈90度。砖室壁、底遭挤压略变形，四壁错缝砌筑，墓底错缝纵铺，在铺底砖中部南、北相对各横铺一层2块2列垫底砖（应为置棺用）。坑底较平，距地表深140厘米。内填灰黑沙土（图七九，图版三〇六）。

　　葬具 无存。

　　人骨架 腐朽严重，仅存少量齿骨，头向161度。

　　墓砖 素面砖，可分两型。

　　A 型 长47、宽19、厚7.5厘米。

　　B 型 长47、宽24、厚5厘米。

　　随葬品 出土陶、铜器10件。

　　陶器 7件。

　　罐 1件。

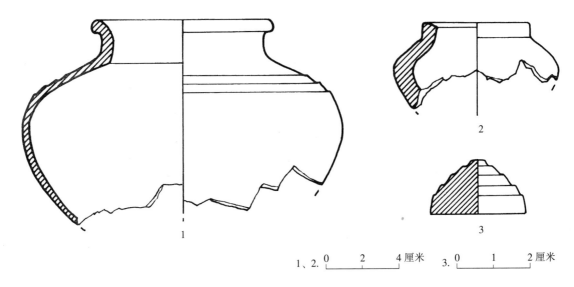

1、2. 0　　2　　4 厘米　　3. 0　　1　　2 厘米

图七八　M15 出土陶器

1. 罐（M15:2）　2. 蒜头壶?（M15:3）　3. 纺轮（M15:4）

北

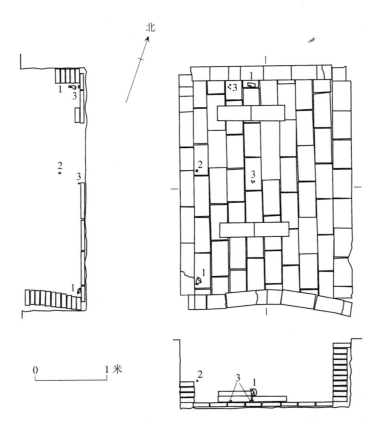

0　　　　1 米

图七九　M19 平、剖面图

1. 陶罐　2. 铜"五铢"　3. 陶丸

标本 M19:1，夹砂黄褐陶，局部灰褐。肩施凹弦纹 2 周。侈口，卷沿，圆唇，矮领较直，圆肩，鼓腹，平底，修复。轮制，火候一般。口径11.2、底径9.6、高13.6厘米（图八〇:1，图版三〇七）。

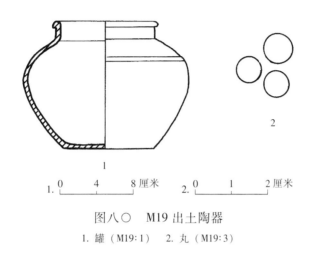

图八〇　M19 出土陶器
1. 罐（M19:1）　　2. 丸（M19:3）

陶丸　6 件。

标本 M19:3，泥质灰黑陶，素面。丸形，完整，手制。直径0.7～0.8厘米（图八〇:2）。

铜器　只有钱币一种。

"五铢"　3 件。

标本 M19:2，青铜，锈蚀严重，钱文模糊可辨。

34. M34

层位关系　2—M34→4。

墓葬形制　长方形竖穴土坑砖室墓。墓向 25～205 度。破坏严重，残剩 2 层壁砖和底砖。墓口长 387、宽 180、墓底长 389、宽 183、残深 62 厘米。墓底长宽比 2.1:1。坑壁略垂直于坑底呈 90 度。东北壁略积压变形。壁砖纵列错缝砌筑，底砖错缝横铺。坑底平，距地表深 78 厘米。坑内填五花土（图八一，图版三〇八）。

葬具　无存。

人骨架　腐朽严重，残存极少头骨，头向 25 度。

墓砖　素面砖。长 48、宽 18、厚 16 厘米。

随葬品　出土玉、铜器 7 件。

玉器　2 件。

指环　2 件。

标本 M34:1、2，残。

铜器　5 件。

"五铢"　5 件。

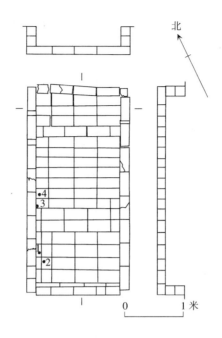

图八一　M34 平、剖面图
1、2. 玉指环　3、4. 铜 "五铢"

标本 M34∶3（3 枚）、4（2 枚），青铜，锈蚀严重，钱文依稀可辨。

35. M35

层位关系　2—M35→M37。

墓葬形制　长方形竖穴土坑砖室墓。墓向 162～342 度。破坏极严重。残存极少铺底砖。墓坑口、底长 385、宽 225、残深 38 厘米。坑底长宽比 1.7∶1。坑壁垂直于坑底呈 90 度。墓壁纵向错缝砌筑。坑底较平，距地表深 78 厘米。坑内填灰黑土（图八二）。

葬具　无。

人骨架　腐朽严重，仅存门、臼牙齿 2 枚。头向不明。

墓砖　3 种，均素面。A 型，铺底砖。长 48、宽 23、厚 4 厘米。B 型，墙砖，残。宽 19、厚 9 厘米。C 型，契形砖，残。宽 18、厚 5/7 厘米。

随葬品　出土陶器残片及两小串 "五铢" 钱。

36. M39

层位关系　2—M39→生土。

墓葬形制　长方形竖穴土坑砖室墓。墓向 90～270 度。破坏极严重。残存一层壁砖及少量铺底砖。坑口、底长 450、宽 210、残深 90 厘米。坑底长宽比 2.1∶1。坑壁垂直于坑底呈 90 度。壁砖错缝纵向砌筑，底砖错缝纵向平铺。坑底较平，距地表深 120 厘米。坑内填灰黑土（图八三）。

葬具　无。

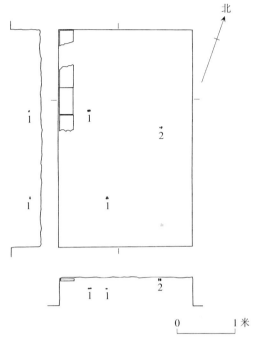

图八二 M35 平、剖面图

1. 铜 "五铢" 2. 门、臼齿

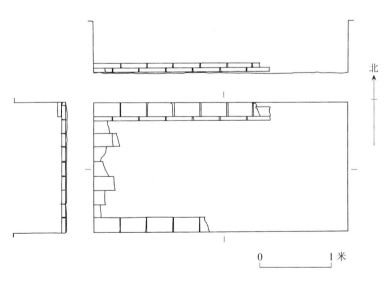

图八三 M39 平、剖面图

人骨架 腐朽无存。

墓砖 素面。长 47、宽 23、厚 7 厘米。

随葬品 出土红、灰色残陶俑片及铁剑残片。

第二节　砖棺墓

共发现砖棺墓 5 座，分别为 M11、M18、M24、M25、M29。墓坑平面为窄长条形。

一　墓葬特点

均为窄长条形竖穴土坑，在坑内用砖砌筑棺室为葬具。以坑底计，墓坑长度在 120～180、宽度在 38～57 厘米。以坑底计，长宽比 3.2∶1 的 2 座（M18、M24），2.9∶1 的两座（M25、M29）。墓坑最浅 21、最深 41 厘米，坑底距底表最浅 40、最深 84 厘米。坑底大多平，仅一座较平。坑内大都填黄褐沙土，仅一座填五花土。

二　墓葬分述

37. M11

层位关系 5—M11→生土。

墓葬形制　长方形竖穴土坑砖室墓。墓向 17～197 度。暴露部分坑壁垂直于坑底成 90 度，与坑底弧接，底较平。坑口残长 90、宽 37，坑底残长 78、宽 33、深 35 厘米。坑内残剩 2 排铺底砖。坑内填灰黑沙土（图八四）。

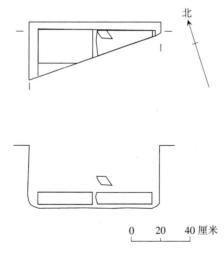

图八四　M11 平、剖面图

葬具　无。

人骨架　无。

墓砖　菱形花边砖。长 34、宽 20、厚 7.5 厘米。

随葬品　无。

38. M18

层位关系 2—M18→4。

墓葬形制　略呈窄长条形竖穴土坑砖棺墓，四角略弧。墓向 15 度。墓坑长 180、宽 57、深 41 厘米。以坑底计，长宽比 3.2:1。坑内砌筑砖棺，坑壁略垂直于坑底呈 90 度。坑底平、距地表深 41 厘米。内填黄褐沙土（图八五，图版三〇九）。

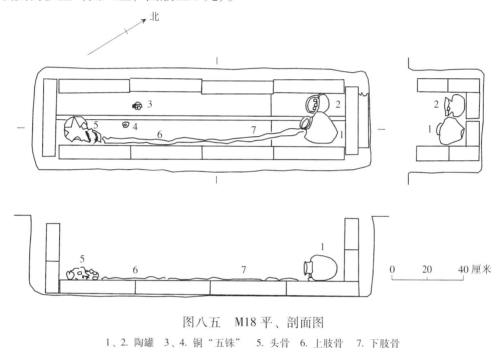

图八五　M18 平、剖面图

1、2. 陶罐　3、4. 铜"五铢"　5. 头骨 6. 上肢骨 7. 下肢骨

葬具　砖棺。在坑底纵向平铺 2 列底砖，在底砖两侧纵向侧砌 2 层壁砖，在头端横向侧砌 2 层壁砖，在脚端底砖上横向侧砌 2 层壁砖，在壁砖上横向平铺顶砖为盖，在头端顶砖上置 2 纵向侧砌砖，再在侧砌砖上纵向平铺一砖为棺首。在脚端壁外与墓坑间，填以横向侧立砖两层。砖为素面，长 46、宽 16、厚 9 厘米。

人骨架 1 具，仅存头骨和上、下肢股各一，头向 195 度。从人骨放置情况看，应为二次葬。

随葬品　出土陶、铜器 29 件。陶罐置脚端，铜钱置上肢骨侧。

陶器 2 件。

卷沿罐　1 件。

标本 M18:1，夹砂灰陶。肩部多折棱。直口，圆唇，溜肩，鼓腹，平底，完整。轮制，火候较高。口径 8、底径 11.2、高 20.4 厘米（图八六:1）。

釜　1 件。

标本 M18:2，夹砂灰褐陶，素面。侈口，卷沿，圆唇，鼓腹，圜底，修复。轮制，火候较高。

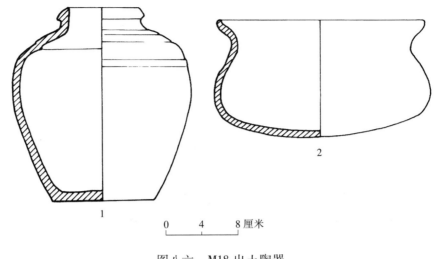

图八六　M18 出土陶器

1. 罐（M18∶1）　2. 釜（M18∶2）

口径 22.3、高 12.3 厘米（图八六∶2，图版三一〇）。

　　铜器仅钱币一种。

　　"五铢"　27 枚。

　　标本 M18∶3（24 枚）、4（3 枚），青铜，锈蚀严重，钱文模糊可辨。

　　39. M24

　　层位关系　2—M24→4。

　　墓葬形制　窄长条形竖穴土坑砖棺墓。墓向 20 度。坑略大于砖棺，发掘时挖反了，把砖棺保留下来。

　　葬具　砖棺。在坑底横铺 6 块底砖，在底砖上两边各侧立三块壁砖、在头脚两端各横向侧立一块壁砖，在壁砖上横向平铺 6 块顶砖成盖。棺长 120、宽 38、深 21 厘米。棺底长宽比 3.2∶1。棺内渗入黄褐沙土。砖为素面，长 39、宽 22、厚 7 厘米（图八七，图版三一一）。

　　人骨架　腐朽严重，仅残存牙齿数枚，头向约 200 度。

　　随葬品　出土陶、铜、铁器 45 件。陶器置脚下，铜钱置脚下和身上，铁器置身右侧。

　　陶器　1 件。

　　罐　1 件。

　　标本 M24∶1，夹砂灰褐陶，红褐胎。肩施凹弦纹 2 道。侈口，卷沿，溜肩，下腹斜内收，平底，修复。轮制，火候一般。口径 5.6、底径 4.3、高 7.2 厘米（图版三一二）。

　　铜器　仅钱币一种。

　　"货泉"　可辨 41 件。青铜，锈蚀严重，钱文模糊可辨。

　　标本 M24∶2、6、7，青铜，锈蚀严重，钱文模糊可辨。

　　钱币　2 件。

　　标本 M24∶3、4，青铜，锈蚀严重，钱文不明。

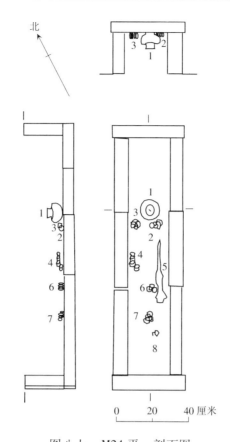

北

0 20 40 厘米

图八七　M24 平、剖面图

1. 陶罐　2、6、7. 铜"货泉"　3、4. 铜钱　5. 铁剑　8. 牙齿

铁器　1 件。

剑　1 件。

标本 M24：5，锈蚀严重。

40. M25

层位关系　2—M25→4。

墓葬形制　略呈窄长条形竖穴土坑砖棺墓。墓向 280 度。坑口、底长 140、宽 42、深 33 厘米。坑底长宽比 2.9：1。坑壁较直、与坑底略呈 90 度。坑底平，坑内填黄褐沙土（图八八，图版三一三）。

葬具　砖棺。在坑内纵向平铺 2 列底砖，在底砖上两侧各纵向侧立 3 块壁砖，在头脚两端各横向侧立一块壁砖，在壁砖上横向平铺 9 块顶砖成盖。砖为素面，长 42、宽 22、厚 8 厘米。

人骨架　1 具，腐朽严重，仅残存牙齿数枚及头骨渣，头向 100 度。

随葬品　陶、铜器 30 件。陶器置脚下，铜器置上部。

陶器　2 件。

罐　2 件。

标本 M25：1，夹砂灰陶，局部灰黑。肩施凹弦纹 2 道。侈口，卷沿，矮束领，溜肩，鼓腹，平底。轮制，火候较高。口径 11.6、底径 8.8、高 10.8 厘米（图八九：1，图版三一四）。标本 M25：2，

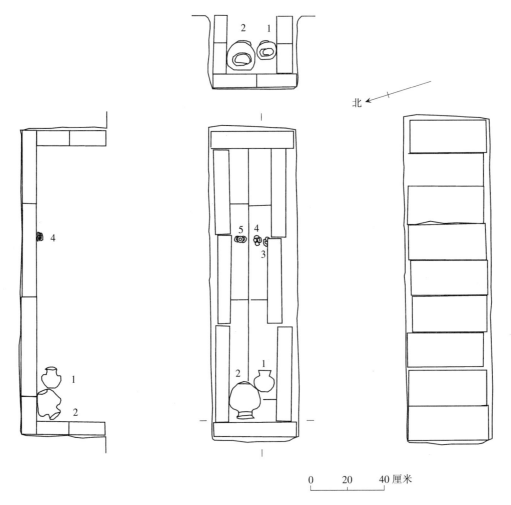

图八八　M25 平、剖面图

1、2. 陶罐　3~5. 铜"五铢"

夹砂灰陶。肩施凹弦纹一周。侈口，卷沿，圆唇，矮直领，圆肩，鼓腹，平底，完整。轮制，火候较高。口径10.8、底径12、高17.2厘米（图八九:2，图版三一五）。

铜器　仅钱币一种。

"五铢"　28枚。青铜，锈蚀严重，可辨钱文。

41. M29

层位关系　1—M29→2。

墓葬形制　窄长条形竖穴土坑砖棺墓。墓向153度。坑口长132、宽46、深24厘米。坑底长宽比2.9:1。坑壁较直，坑底较平，内填五花土（图九○）。

葬具　砖棺，挤压略变形。无底砖，在坑内两侧纵向斜立壁砖，在两端横向侧立壁砖，壁砖上部横向平铺顶砖成盖（多遭破坏）。砖为素面，长32、宽20、厚7厘米。

人骨架　1具，腐朽严重，残存牙齿痕迹。葬式仰身直肢（?），面向上，头向约333度。

随葬品　无。

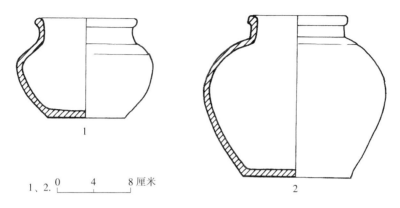

1、2. 0 4 8 厘米

图八九 M25 出土陶器

1、2. 罐（M25:1、2）

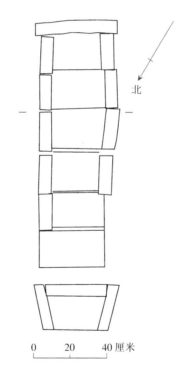

北

0 20 40 厘米

图九〇 M29 平、剖面图

第五章　宋代墓葬

共6座（附表三），其中，土坑墓2座，砖室墓4座，除 M41 外，都被盗、扰严重。

第一节　土坑墓

仅两座，分别为 M41、M46。墓坑平面均为长方形。

一　墓葬特点

均为长方形竖穴土坑墓。以坑底计，墓坑长度在 240～270、宽度在 104～125、深度在 40～100 厘米，长宽比为 1.9∶1 和 2.6∶1。坑壁均为斜壁，坑底较平，坑内填黑褐土或灰黑黏土。

二　墓葬分述

42. M41

层位关系　1—M41→生土。

墓葬形制　近长方形竖穴土坑墓。墓向 25 度。坑口长 280、宽 120、坑底长 270、宽 104、深 100 厘米。坑底长宽比 2.6∶1。坑壁斜度约 84 度。坑底较平，头至坑壁部分下凹。坑内填黑褐土（图九一，图版三一六）。

葬具　木棺，已腐朽，下有石灰铺底。长 172、宽 48、厚 2～4 厘米。

人骨架　1 具，腐朽。葬式仰身直肢，面向上，头向 205 度。

随葬品　出土釉陶、铜器 8 件。

釉陶器　6 件。

罐　2 件。

标本 M41∶1，夹砂红褐陶，红胎。唇、领、肩、上腹施黄釉，下腹多流痕。侈口，卷沿，圆唇，溜肩，腹较斜直，平底，修复。轮制，火候高。口径 9.2、底径 6.4、高 15.2 厘米（图九二∶1，图版三一七）。标本 M41∶4，夹砂红褐陶，红胎。下腹以上施黄釉，下腹多流痕。口近直，矮直领，溜肩，弧腹，平底，完整。轮制，火候高。口径 8.2、底径 6.4、高 15.4 厘米（图九二∶2，图版三一八）。

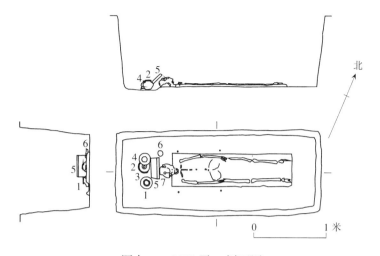

图九一 M41 平、剖面图

1、4. 釉陶罐 2、3. 釉陶碗 5. 陶买地券 6. 釉陶盒 7. 铜簪 8. 铜钗

碗 2 件。

标本 M41:2，夹砂红褐陶，红胎。上腹、内壁施酱色釉，内底有涩圈，外下腹多流痕。敞口，圆唇，弧腹，矮圈足，修复。轮制，火候高。口径 15.8、足径 4.5、高 5.2 厘米（图九二:3，图版三一九）。标本 M41:3，略同 M41:1，口径 15.2、足径 4.4、高 5.2 厘米（图九二:4）。

盒 1 件。

标本 M41:6，夹砂红褐陶，红胎。外上腹、内壁施褐色釉，局部黑色。敞口，圆尖唇，上腹直、下腹急收，平底，完整。轮制，火候高。口径 6.8、底径 4、高 2.4 厘米（图九二:5，图版三二○）。

买地券 1 件。

标本 M41:5，夹砂灰褐陶，有多道竖划线。近方形，抹角，长 36.8、上端宽 25.6、下端宽 31.2、厚 4 厘米（图九二:6）。

铜器 2 件。

簪 1 件。

标本 M41:7。青铜，锈蚀。身为圆锥形，尾为卷云状，完整。全长 14.6 厘米（图九二:7）。

钗 2 件。

标本 M41:8 - 1，青铜，锈蚀。圆柱形，菇形帽较小，身较长。长 8.4 厘米（图九二:8）。标本 M41:8 - 2，帽稍大，身较短。长 7.4 厘米（图九二:9）。

43. M46

层位关系 1—M46→M43。

墓葬形制 长方形竖穴土坑墓。墓向 40～220 度。坑口长 250、宽 135、坑底长 240、宽 125、深 50 厘米。坑底长宽比 1.9:1。坑壁斜度 85 度。坑底较平，距地表深 60 厘米。坑内填灰黑黏土间杂碎砖（图九三）。

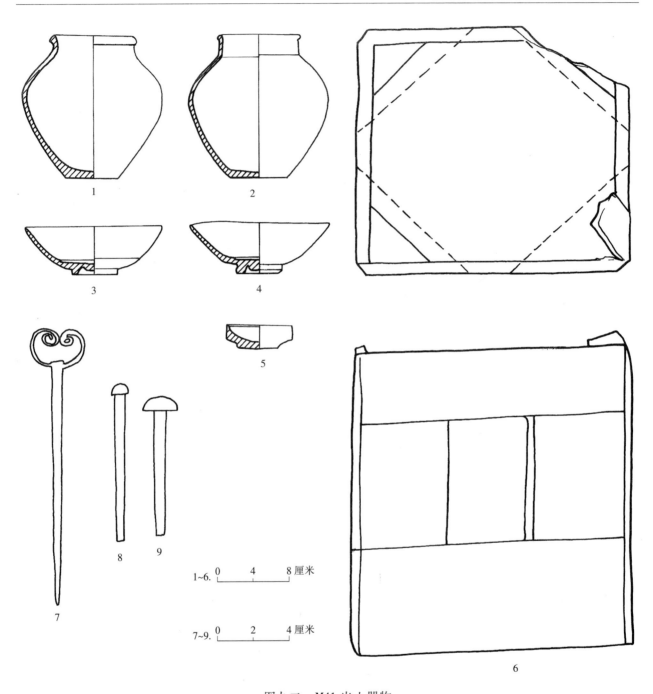

图九二　M41 出土器物

1、2. 釉陶罐（M41：1、4）　3、4. 釉陶碗（M41：2、3）　5. 釉陶盒（M41：6）

6. 陶买地券（M41：5）　7. 铜簪（M41：7）　8、9. 铜钗（M41：8-1、8-2）

葬具　无。

人骨架　腐朽无存。

随葬品　出土"崇宁通宝"五枚。

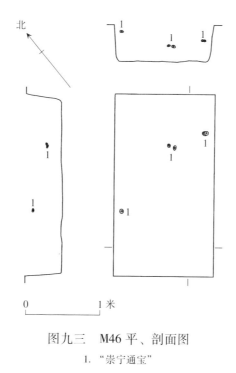

图九三　M46 平、剖面图

1. "崇宁通宝"

标本 M46∶1，青铜，锈蚀严重，可辨钱文。

第二节　砖室墓

共 4 座，分别为 M31、M32、M33、M47。按坑口平面不同，可分为中字形和长方形两类。

一　甲　类

坑口平面略呈中字形，仅 1 座。

44. M32

层位关系　2—M32→生土。

墓葬形制　略呈中字形竖穴土坑墓。墓向 180 度。坑口长 560、宽 216、坑底长 346、宽 210、深 68 厘米。坑底长宽比 1.6∶1。墓坑分三部分，前为略呈梯形的阶梯形墓道长 180、前端宽 76、后端宽 154 厘米；中为墓室长 346、宽 216 厘米；后为斜坡状短墓道，也略呈梯形，长 34、宽 84/50 厘米。坑壁两端垂直于坑壁、两侧壁略斜，斜度约 89 度。坑底平，距地表深 128 厘米。砖室破坏严重，仅在墓底两侧残存排列有序的斜向平铺底砖。砖为素面，长 20、宽 17、厚 4 厘米（图九四、图版三二一）。

葬具　无。

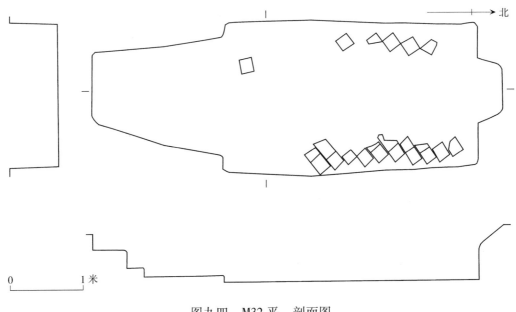

图九四　M32 平、剖面图

人骨架　无。

随葬品　无。

二　乙　类

坑口平面略呈长方形，共 3 座。

45. M31

层位关系　1—M31→2。

墓葬形制　长方形竖穴土坑砖室墓。墓向 70～250 度。坑口、底长 129、宽 73、深 38 厘米。坑底长宽比 1.8∶1。坑壁垂直于坑底呈 90 度。坑底平，距地表深 65 厘米。砖室遭破坏，并挤压变形。在坑底一竖两横平铺底砖，在底砖上东面竖立两层，南、西、北竖立一层为壁，中部竖立一层为隔，砖室分两室，在西壁砖上纵向平铺 2 层、在北壁砖上横向平铺 3 层、在中隔上横向平铺 2 层顶砖为盖（可能都为三层，二层或无的部分，已遭破坏）。在南室又东、南、西 3 个壁龛、北室又北、西 2 个壁龛。砖为素面，青灰色，规格有 2，A 型：长 34、宽 16、厚 4 厘米；B 型：长 30、宽 16、厚 4 厘米。坑内填灰黑土（图九五，图版三二二）。

葬具　无。

人骨架　两室内都发现有灰白色腐骨渣。

随葬品　出土釉陶 6 件。

四系罐　2 件。

标本 M31∶1，夹砂朱红陶。外沿施凹弦纹一周，外沿下有凹槽一周；口、上颈部施黑褐色釉。

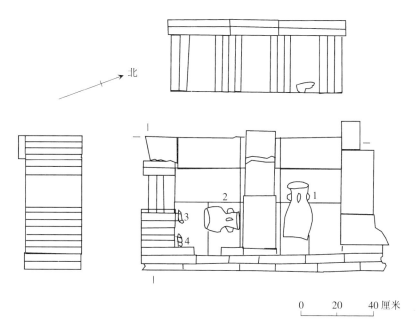

图九五　M31 平、剖面图

1、2. 釉陶四系罐　3、4. 釉陶小双耳杯

略呈盘口，圆唇，颈微束、附加 4 对称竖耳，鼓腹，平底，完整。轮制，火候高。口径 8.8、底径
7.6、高 20 厘米（图九六：1，图版三二三）。标本 M31：2，泥质红陶。外沿下有凹槽一周，口、外
沿施褐色釉。侈口，圆唇，微束颈，鼓腹，平底，完整。轮制，火候较高。口径 4.8、底径 4.4、
高 10.5 厘米（图九六：2，图版三二四）。

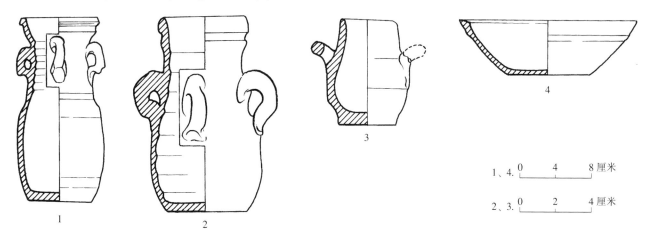

图九六　M31 出土釉陶

1、2. 四系罐（M31:1、2）　3. 双耳罐（M31:5）　4. 碗（M31:6）

双耳罐　1 件。

标本 M31:5，夹砂朱红陶，口外施褐色釉。口微侈，圆唇，上腹附加双耳，鼓腹，平底，修复。轮制，附加手制双耳。火候较高。口径 2.9、底径 3、高 5.6 厘米（图九六:3）。

碗　1 件。置壁龛内。

标本 M31:6，夹砂朱红陶。上腹有凹槽一周；外壁施黄色釉。敞口，内沿斜折，圆唇，腹微弧，平底，修复。轮制，火候高。口径 20、底径 9.6、高 6 厘米（图九六:4，图版三二五）。

双耳杯　2 件。

标本 M31:3、4，未修复。

46. M33

层位关系　1—M33→3。

墓葬形制　长方形竖穴土坑砖室墓。墓向 50～230 度。坑口、底长 162、宽 42、残深 12 厘米。坑底长宽比 3.9:1。坑底平，距地表深 28 厘米。砖室破坏较严重，在坑底纵向平铺底砖，在底砖两侧纵向侧铺、在两端横向侧铺壁砖，顶残，中隔二，将墓室分为三室。坑内填五花土（图九七，图版三二六）。

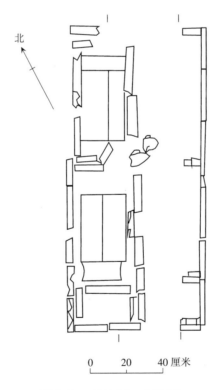

北

0　　20　　40 厘米

图九七　M33 平、剖面图

葬具　无。

人骨架　在三室中都发现有烧过的灰白色骨渣，应为火葬墓。

随葬品　出土釉陶残碗碎片 2 件。

47. M47

层位关系　1—M47→生土。被近现代墓葬打破。

墓葬形制　长方形竖穴土坑砖室墓。墓向 20～200 度。坑口长 115、宽 60、坑底长 110、宽 60、深 40 厘米。坑底长宽比 1.8：1。坑底较平，距地表深 50 厘米。砖室破坏严重，仅残存部分壁砖。两壁砖纵向侧立竖铺，两端砖横向侧立竖铺。砖为素面，规格 2：A 型：长 34、宽 20、厚 10 厘米；B 型：长 24、宽 18、厚 6 厘米。坑内填灰黑土（图九八）。

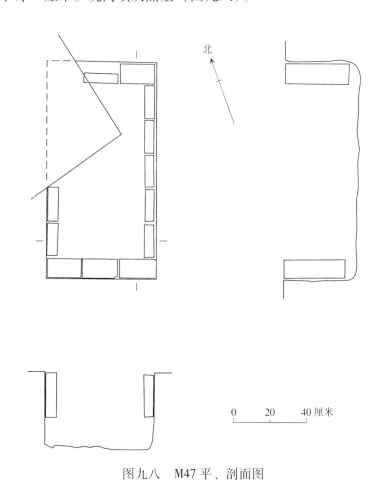

图九八　M47 平、剖面图

葬具　无。

人骨架　腐朽无存。

随葬品　无。

第六章　分期与年代

二龙岗墓地发掘的 47 座墓埋葬较有规律，发现有 6 组打破关系：

1. M5（砖）→M16（土）。

2. M19（砖）→M27（土）。

3. M35（砖）→M37（土）。

4. M35（砖）→M38→M37。

5. M45→M44→M43。

6. M46（宋）→M43。

其中 1 组（6）为宋代土坑墓打破秦汉土坑墓，4 组（1、2、3、4）为东汉砖室墓打破秦汉土坑墓；秦汉土坑墓间的打破关系只有 2 组，一组为 4 组中的 M38→M37；另一组为：M45→M44→M43（5）。但由于 M45、M44 都为不出随葬品的空墓，所以，对我们的分期研究帮助不大。又由于出土器物中未发现有纪年的材料，因此，对于这批墓葬的分期只能运用考古类型学的方法，对随葬器物进行型式排比，以此来确定其发现序列和分期。

这次发掘的 47 座墓中，秦汉土坑墓 27 座（2 座空墓），汉代砖室（棺）14 座（5 座空墓），宋代墓葬 6 座（3 座空墓），我们分期研究的重点为前 41 座秦汉墓葬。

在这 41 座墓中，有 34 座墓出有随葬品，7 座为不出随葬品的空墓。出随葬品的 33 座墓中，随葬品较丰富、形制清楚、能参加型式排比的墓有 30 座。

在这 30 座墓中，秦汉土坑墓 24 座，是我们分期研究的重中之重，其中出土铜礼器的 8 座，随葬磨光黑陶的有 10 座（其中 3 座与铜礼器共出），随葬陶礼器的墓 14 座。其余 3 座墓出土陶器过于残破或不辨器形，将与 7 座空墓一起在最后只做大致的时代估计。

第一节　秦汉土坑墓不同随葬品组合序列

一　铜礼器的组合关系及其序列

8 座铜礼器墓出土铜礼器的组合情况如表一。

表一　　　　　　　　　　　　　　　　　　　铜礼器组合表

组别	器名及型式												墓类		备注
	鼎	钫	壶	蒜头壶	釜	鍪	盆	钵	奁（厄）	匜	镳斗	耳杯	甲	丁	
1	I II	I			/	/	/						M42		破坏
2	II	II		/	/	/		/						M1	破坏
3							/			/			M36		
4							/						M43		
5	I II		/	/	/	/	/	/	/				M2		被盗
6											/	/	M23		同出磨光黑陶
7				/			/				/			M4	同出磨光黑陶
8											/			M21	同出磨光黑陶

注1：表内"/"号代表不分型式者。

　　8座铜礼器墓中，有5座为甲类墓，其中1座出磨光黑陶礼器（见表二），3座为丁类墓，其中2座出磨光黑陶礼器（见表二）。根据表一可看出铜礼器的基本组合有下列几种情况：

　　1. 鼎、钫、釜、鍪、盆，有1座（1组）。

　　2. 鼎、钫、蒜头壶、釜、鍪、钵1座，有1座（2组）。

　　3. 盆、匜，有1座（3组）。

　　4. 盆，有1座（4组）。

　　5. 鼎、壶、蒜头壶、釜、鍪、盆、钵、奁（厄），有1座（5组）。

　　6. 镳斗、耳杯，有1座（6组）。

　　7. 蒜头壶、盆，有1座（7组）。

　　8. 镳斗，有1座（8组）。

　　以上8组，基本上反映了8座出土铜礼器的发展序列。

二　磨光黑陶礼器的组合关系及其序列

　　10座出土磨光黑陶礼器的组合情况如表二。

表二　　　　　　　　　　　　　　　　　　磨光黑陶礼器组合表

组别	器名及型式				墓类				备注
	高领壶 Aa	蒜头壶	钫	井	甲	乙	丁	戊	
1	√				M23				出铜礼器
2			I			M40			
3			I				M4		出铜礼器
4			I				M21		出铜礼器
5	I		II	I		M22			
6	I	I	II					M28	
7	II					M12			
8	√		II					M16	
9	II		II			M30			
10	√		√			M20			

注：表中√号表示型式不明者。

10 座磨光黑陶礼器墓中，甲类墓 1 座，乙类墓 5 座，丁类墓 2 座，戊类墓 2 座。其中，出铜礼器的墓 3 座（甲类 1 座，丁类 2 座）。

墓类不同，出土磨光黑陶礼器的组合也有差异。

甲类：1 座，只出磨光黑陶高领壶。

乙类：5 座墓，出土磨光黑陶礼器的组合情况有以下几种：

1. 只出钫，1 座。

2. 出高领壶、钫、井，1 座。

3. 只出高领壶，1 座。

4. 出高领壶、钫，2 座。

丁类墓：2 座。只出钫。

戊类墓：2 座。出土磨光黑陶礼器的组合情况有 2 种：

1. 出高领壶、蒜头壶、钫，1 座。

2. 出高领壶、钫，1 座。

上述 10 组中，1 组只出高领壶√，2～4 组只出钫 I，5 组出高领壶 I、钫 II、井 I，6 组出高领壶 I、蒜头壶 I、钫 II，7～10 组出高领壶 II（√）、钫 II（√）。根据这些变化，可将 10 组出磨光黑陶礼器的墓归并为 6 大组：

第一组：高领壶√（1 组）。

第二组：钫 I（2～4 组）。

第三组：高领壶 I、钫 II、井 I（5 组）。

第四组：高领壶 I、蒜头壶 I、钫 II（6 组）。

第五组：高领壶Ⅱ（7组）。

第六组：高领壶Ⅱ（√）、钫Ⅱ（√）（8～10组）。

以上6大组的情况，基本反映了10座出土磨光黑陶礼器的发展序列。

三 陶礼器的组合关系及其序列

出土陶礼器的墓共22座，其中，8座出铜礼器，10座出磨光黑陶礼器，其陶礼器组合情况如表三。

表三　　　　　　　　　　　　　　　陶礼器组合表

组别	鼎					镳壶	盒		壶				高领壶			蒜头壶	钫	豆	备注
	Aa	Ab	B	Ca	Cb		A	B	Aa	Ab	Ba	Bb	Aa	Ab	B				
1	I						I		√									√	
2	II																	√	
3				√	I						√							√	
4																		√	破坏
5				√							√	√						√	
6						√	II			√									
7		√							√										
8		√									√		I						被盗
9					II	√													
10					II											I			
11					II						√				II		√		
12					II									I		I			
13					I	√										I			
14					II														
15			√														II		被盗
16					II												√		
17			√								√			II					
18				√				√									√		
19					II									II			√		
20					II														
21					III											II			
22					II											III			

注：表中√号，代表不分型式或型式不明者。

22 座陶礼器墓中，甲类墓 5 座，乙类墓 5 座，丙类墓 3 座，丁类墓 3 座，戊类墓 2 座，己类墓 4 座。根据其器物组合和型式变化的情况，可归纳为以下几组：

第一组：鼎 Aa Ⅰ、盒 A Ⅰ、壶 Aa、豆（1 组）。

第二组：鼎 Aa Ⅱ、豆（2 组）。

第三组：鼎 Ca、Cb Ⅰ、壶 Ba、豆（3 组）。

第四组：豆（4 组）。

第五组：鼎 Ca、壶 Ba、Bb、豆（5 组）。

第六组：镳壶、盒 A Ⅱ、壶√（6 组）。

第七组：鼎 B、壶 Ab（7 组）。

第八组：鼎 Ab、壶 Ba、高领壶 Ab Ⅰ（8 组）。

第九组：鼎 Cb Ⅱ、盒 B（9 组）。

第十组：鼎 Cb Ⅱ、高领壶 B Ⅰ（10 组）。

第十一组：鼎 Cb Ⅱ、壶√、高领壶 B Ⅱ、豆（11 组）。

第十二组：鼎 Cb Ⅱ、高领壶 Ab Ⅰ、蒜头壶 Ⅰ（12 组）。

第十三组：鼎 Cb Ⅰ、蒜头壶 Ⅰ（13 组）。

第十四组：鼎 Cb Ⅱ（14、20 组）。

第十五组：鼎√、钫 Ⅱ（15 组）。

第十六组：鼎 Cb Ⅱ、高领壶√、钫√（16 组）。

第十七组：鼎√、壶√、高领壶 Ab Ⅱ（17 组）。

第十八组：鼎 Ca、盒 B、钫√（18 组）。

第十九组：鼎 Cb Ⅱ、钫√（19 组）。

第二十组：鼎 Cb Ⅲ、蒜头壶 Ⅱ（21 组）。

第二十一组：鼎 Cb Ⅱ、蒜头壶 Ⅲ（22 组）。

以上各组情况可分为鼎（鼎形器）、盒、壶、豆和鼎、高领壶、蒜头壶、钫两种最基本组合情况，少数墓葬盒、壶或高领壶、钫兼有，还有少数墓葬由于遭破，组合情况略有不同，基本上反映了 22 座陶礼器的发展序列。

四　日用陶器的组合关系及其序列

出土日用陶器的墓共 23 座，其中 8 座同出铜礼器，13 座同出磨光黑陶礼器，21 座同出土陶礼器，2 座只出日用陶器。出土日用陶器的组合情况如表四。

23 座日用陶器墓中，甲类墓 5 座，乙类 5 座，丙类墓 2 座，丁类墓 3 座，戊类墓 2 座，己类墓 6 座。根据其器物组合和型式变化的情况，可归纳为以下几组（为便于列表，罐：A—长领罐、B—矮领罐、C—深腹罐、D—鼓腹罐、E—卷沿罐、F—尖底罐、G—敛口罐、H—圜底罐、I—中领罐、J—侈口罐）

表四　　　　　　　　　　　　　　　　日用陶器组合表

组别	瓮		罐										罐形釜		盆形釜	甑	盆			钵			井		灶
	A	B	A	B	C	D	E	F	G	H	I	J	A	B			A	B	C	A	B	C	A	B	
1	√									√															
2			√																	√		Ⅰ			
3	Ⅰ			√			√						Ⅰ	Ⅰ											
4	Ⅰ			√																					
5	Ⅱ					√							Ⅰ	Ⅰ			Ⅰ			√					
6	Ⅱ				√			√					Ⅰ	Ⅰ											
7		√											Ⅰ												
8	Ⅱ					√			√	√						Ⅰ				√					
9				√			Ⅰ							Ⅱ	Ⅰ	√							Ⅰ		Ⅰ
10				√			Ⅰ							Ⅱ			Ⅱ								
11						Ⅰ	√		√				Ⅰ	Ⅰ						√					
12																		√					Ⅰ		√
13							√							Ⅱ			Ⅰ								√
14						√	Ⅱ							√			√					Ⅱ	Ⅰ		Ⅰ
15						√	Ⅰ	√													√		Ⅰ		
16					√		Ⅰ							Ⅱ											
17														Ⅱ				√						√	√
18							Ⅰ						Ⅱ		√			√					Ⅰ		√
19							√								√						Ⅱ			Ⅱ	
20						√	Ⅰ								Ⅱ						Ⅱ				Ⅰ
21															√				Ⅰ				Ⅱ		Ⅰ
22						Ⅰ Ⅱ																	Ⅱ		Ⅱ
23													Ⅱ	Ⅱ			√		Ⅰ		√				Ⅰ

注：表中√号，代表不分型式或型式不明者。

第一组：瓮√、圈底罐（1组）。

第二组：长颈罐、钵A、CⅠ（2组）。

第三组：瓮AⅠ、矮领罐、罐√、罐形釜AⅠ、BⅠ（3组）。

第四组：瓮AⅠ、矮领罐（4组）。

第五组：瓮AⅡ、罐√、罐形釜AⅠ、BⅠ、盆AⅠ、钵B（5组）。

第六组：瓮AⅡ、深腹罐、罐√、罐形釜AⅠ、BⅠ（6组）。

第七组：瓮B、罐形釜AⅠ（7组）。

第八组：瓮AⅡ、中领罐、侈口罐、罐√、盆形釜Ⅰ、钵√（8组）。

第九组：深腹罐、卷沿罐Ⅰ，罐形釜BⅡ、甗Ⅰ、盆B、井AⅠ、灶Ⅰ（9组）。

第十组：深腹罐、卷沿罐Ⅰ，罐形釜BⅡ、盆AⅡ（10组）。

第十一组：卷沿罐Ⅰ、罐√、尖底罐，盆形釜Ⅰ、甗Ⅰ、钵√（11组）。

第十二组：盆√、井BⅠ、灶√（12组）。

第十三组：罐√、甗Ⅱ、盆CⅠ、灶√（13组）。

第十四组：鼓腹罐、卷沿罐Ⅱ，甗√、盆√、钵CⅡ、井AⅠ、灶Ⅰ（14组）。

第十五组：鼓腹罐、卷沿罐Ⅰ、敛口罐，钵√、井AⅠ（15组）。

第十六组：卷沿罐Ⅰ、罐√、罐形釜BⅡ（16组）。

第十七组：罐形釜BⅡ、盆√、井√、灶√（17组）。

第十八组：卷沿罐Ⅰ，罐形釜AⅡ、甗√、盆√、井AⅠ、灶√（18组）。

第十九组：罐√、釜√、钵CⅡ、井BⅡ（19组）。

第二十组：鼓腹罐、卷沿罐Ⅰ、罐√、甗Ⅱ、井AⅡ、灶Ⅰ（20组）。

第二十一组：釜√、盆CⅠ、井AⅡ、灶√（21组）。

第二十二组：卷沿罐Ⅰ、Ⅱ、井AⅡ、灶Ⅱ（22组）。

第二十三组：罐形釜BⅡ，盆形釜Ⅱ、甗√、盆CⅠ、钵√、灶Ⅰ（23组）。

上列组合情况，可分为瓮、罐、釜、盆、钵与罐、釜、盆、钵、甗、井、灶两种最基本的组合，出甗、井、灶的墓葬肯定不出瓮。

上述铜礼器、磨光黑陶器、陶礼器、日用陶器的序列，主要是根据不同类别随葬品的组合和形态变化进行排比和归纳出来的。通过一墓共出两个及以上序列中器物的联系进行横向排比，可将各组横向对应起来。

铜器序列	磨光黑陶器序列	陶礼器序列	日用陶器序列	墓号
		第1组	第1组	M37
		第2组	第2组	M48
第1组		第3组	第3组	M42
第2组		第4组	第4组	M1
		第5组	第5组	M38
第3组		第6组	第6组	M36
第4组		第7组	第7组	M43
第5组		第8组	第8组	M2
第6组	第1组	第9组	第9组	M23
	第2组	第10组	第10组	M40
第7组	第3组	第11组	第11组	M4

第8组	第4组	第12组	第12组	M21
	第5组	第13组	第13组	M22
	第6组	第14组	第14组	M28
			第15组	M14
			第16组	M26
		第15组		M17
		第16组	第17组	M13
		第17组	第18组	M27
		第18组	第19组	M6
	第7组	第19组	第20租	M12
	第8组	第20组	第21组	M16
	第9组	第21组	第22组	M30
	第10组	第22组	第23组	M20

经过上述纵横向排比，可将二龙岗24座秦汉土坑墓根据随葬品的组合及变化情况排列出如下连续的六段如表五：

表五　　　　　　　　　　　　　四类随葬品组合序列表

期	段	组	铜礼器	磨光黑陶器	陶礼器	日用陶器	墓号	墓类
一	一	1			第1组　鼎 AaⅠ、盒 AⅠ、壶 Aa、豆。	第1组　瓮Ⅴ、圈底罐。	M37	丙
	二	2			第2组　鼎 AaⅡ、豆。	第2组　长颈罐、钵 A、CⅠ。	M48	己
二	三	3	第1组　鼎Ⅰ、钫Ⅰ、釜、鍪、盆。		第3组　鼎 Ca、CbⅠ、壶 Ba、豆。	第3组　瓮 AⅠ、矮领罐、罐Ⅴ、罐形釜 AⅠ、BⅠ。	M42	甲
		4	第2组　鼎Ⅱ、蒜头壶、钫Ⅱ、釜、鍪、钵。		第4组　豆。	第4组　瓮 AⅠ、矮领罐。	M1	丁
		5			第5组　鼎 Ca、壶 Ba、Bb，豆。	第5组　瓮 AⅡ、罐Ⅴ、罐形釜 AⅠ、BⅠ、盆 AⅠ、钵Ⅴ。	M38	丙
		6	第3组　盆、匜。		第6组　镶壶、盒 AⅡ、壶Ⅴ。	第6组　瓮 AⅡ、深腹罐、罐Ⅴ、罐形釜 AⅠ、BⅠ。	M36	甲

期	段	组	铜礼器	磨光黑陶器	陶礼器	日用陶器	墓号	墓类
		7	第4组　盆。		第7组　鼎B、壶Ab。	第7组　瓮B、罐形釜AⅠ。	M43	甲
	三	8	第5组　鼎Ⅰ、Ⅱ,壶、蒜头壶、釜、鍪、盆、盘、钵。		第8组　鼎Ab、壶Ba、高领壶AbⅠ。	第8组　瓮AⅡ、中领罐、侈口罐、罐√、盆形釜Ⅰ、钵√。	M2	甲
		9	第6组　镶斗、耳杯。	第1组　高领壶√。	第9组　鼎CbⅡ、盒B。	第9组　深腹罐、卷沿罐Ⅰ,罐形釜BⅡ、甑Ⅰ、盆B、井AⅠ、灶Ⅰ。	M23	甲
		10		第2组　钫Ⅰ。	第10组　鼎CbⅡ、高领壶BⅠ。	第10组　深腹罐、卷沿罐Ⅰ,罐形釜BⅡ、盆AⅡ。	M40	乙
		11	第7组　蒜头壶、盆。	第3组　钫Ⅰ。	第11组　鼎CbⅡ、壶√、高领壶BⅡ、豆。	第11组　罐√、卷沿罐Ⅰ、尖底罐,盆形釜Ⅰ、甑Ⅰ、钵√。	M4	丁
二	四	12	第8组　镶斗。	第4组　钫Ⅰ。	第12组　鼎CbⅡ、高领壶AbⅠ、蒜头壶Ⅰ。	第12组　盆√、井BⅠ、灶√。	M21	丁
		13		第5组　高领壶AaⅠ、钫Ⅱ、井AⅠ。	第13组　鼎CbⅠ、蒜头壶Ⅰ。	第13组　罐√、甑Ⅱ、盆CⅠ、灶√。	M22	乙
		14		第6组　高领壶AaⅠ、蒜头壶Ⅰ、钫Ⅱ。	第14组　鼎CbⅡ。	第14组　鼓腹罐、卷沿罐Ⅱ,甑√、盆√、钵CⅡ、井AⅠ、灶Ⅰ。	M28	戊
		15				第15组　鼓腹罐、卷沿罐Ⅰ、敛口罐,钵√、井AⅠ。	M14	己

期	段	组	铜礼器	磨光黑陶器	陶礼器	日用陶器	墓号	墓类
二	四	16				第16组 卷沿罐Ⅰ、罐Ⅴ、罐形釜BⅡ。	M26	己
三	五	17				第15组 鼎Ⅴ、钫Ⅱ	M17	丙
		18			第16组 鼎CbⅡ、高领壶Ⅴ、钫Ⅴ。	第17组 罐形釜BⅡ、盆Ⅴ、井Ⅴ、灶Ⅴ。	M13	己
		19			第17组 鼎Ⅴ、壶Ⅴ、高领壶AbⅡ。	第18组 卷沿罐Ⅰ、罐形釜AⅡ、甑Ⅴ、盆Ⅴ、井AⅠ、灶Ⅴ。	M27	己
		20			第18组 鼎Ca、盒B、钫Ⅴ。	第19组 罐Ⅴ、釜Ⅴ、钵CⅡ、井BⅡ。	M6	己
		21		第7组 高领壶AaⅡ。	第19组 鼎CbⅡ、钫Ⅴ。	第20组 鼓腹罐、卷沿罐Ⅰ,罐Ⅴ、甑Ⅱ、井AⅡ、灶Ⅰ。	M12	乙
	六	22		第8组 高领壶Ⅴ、钫Ⅱ。	第20组 鼎CbⅡ。	第21组 釜Ⅴ、盆CⅠ、井AⅡ、灶Ⅰ。	M16	戊
		23		第9组 高领壶Aa、钫Ⅱ。	第21组 鼎CbⅢ、蒜头壶Ⅱ。	第22组 卷沿罐Ⅰ、Ⅱ、井AⅡ、灶Ⅱ。	M30	乙
		24		第10组 高领壶Ⅴ、钫Ⅴ。	第22组 鼎CbⅡ、蒜头壶Ⅲ。	第23组 罐形釜BⅡ、盆形釜Ⅱ、甑Ⅴ、盆CⅠ、钵Ⅴ、灶Ⅰ。	M20	乙

第二节 秦汉土坑墓甲—己类墓的期别

一 甲类墓出土随葬品的组合关系及其序列

5座甲类墓分别出土四类随葬品，出铜礼器座、陶礼器、日用陶器的有5座，出铜礼器、磨光黑陶器、陶礼器、日用陶器的1座。各类随葬品的组合情况及序列如下：

（一）出铜礼器的有以下各组：

铜礼器第1组（表五，三段）。

鼎Ⅰ、钫Ⅰ、釜、鍪、盆（表一，1组）。

铜礼器第3组（表五，三段）。

盆、匜（表一，3组）。

铜礼器第4组（表五，三段）。

盆（表一，4组）。

铜礼器第5组（表五，三段）。

鼎Ⅰ、Ⅱ，壶、蒜头壶、釜、鍪、盆、盘、钵（表一，5组）。

铜礼器第6组（表五，四段）。

镳斗、耳杯（表一，6组）。

（二）出磨光黑陶器的1座：

磨光黑陶器第1组（表五，四段）。

高领壶√（表二，1组）。

（三）出陶礼器的有以下各组：

陶礼器第3组（表五，三段）。

鼎Ca、CbⅠ，壶Ba、豆（表三，3组）。

陶礼器第6组（表五，三段）。

镳壶、盒AⅡ、壶√（表三，6组）。

陶礼器第7组（表五，三段）。

鼎B、壶Ab（表三，7组）。

陶礼器第8组（表五，三段）。

鼎Ab、壶Ba、高领壶AbⅠ（表三，8组）。

陶礼器第9组（表五，四段）。

鼎CbⅡ、盒B（表三，9组）。

（四）出日用陶器的有以下各组：

日用陶器第3组（表五，三段）。

瓮 A Ⅰ、矮领罐、罐∨、罐形釜 A Ⅰ、B Ⅰ（表四，3 组）。

日用陶器第 6 组（表五，三段）。

瓮 A Ⅱ、深腹罐、罐∨、罐形釜 A Ⅰ、B Ⅰ（表四，6 组）。

日用陶器第 7 组（表五，三段）。

瓮 B、罐形釜 A Ⅰ（表四，7 组）。

日用陶器第 8 组（表五，三段）。

瓮 A Ⅱ、中领罐、侈口罐、罐∨、盆形釜 Ⅰ、钵∨（表四，8 组）。

日用陶器第 9 组（表五，四段）。

深腹罐、卷沿罐 Ⅰ，罐形釜 B Ⅱ、甑 Ⅰ、盆 B、井 A Ⅰ、灶 Ⅰ（表四，9 组）。

从上述情况可以看出，5 座甲类墓所出四类随葬品各组分别处于第三段和第四段（参见表五）。

二　乙类墓出土随葬品的组合关系及其序列

5 座乙类墓分别出三类随葬品，为磨光黑陶器、陶礼器和日用陶器。各类随葬品组合及序列如下：

（一）出磨光黑陶器的有以下各组：

磨光黑陶器第 2 组（表五，四段）。

钫 Ⅰ（表二，2 组）。

磨光黑陶第 5 组（表五，四段）。

钫 Ⅱ、井 A Ⅰ（表二，5 组）。

磨光黑陶第 7 组（表五，四段）

高领壶 Aa Ⅱ（表二，7 组）。

磨光黑陶第 9 组（表五，六段）

高领壶 Aa Ⅱ、钫 Ⅱ（表二，9 组）。

磨光黑陶第 10 组（表五，六段）。

高领壶∨、钫∨（表二，10 组）。

（二）出陶礼器的有以下各组：

陶礼器第 10 组（表五，四段）。

鼎 Cb Ⅱ、高领壶 B Ⅰ（表三，10 组）。

陶礼器第 13 组（表五，四段）。

鼎 Cb Ⅰ、蒜头壶 Ⅰ（表三，13 组）。

陶礼器第 19 组（表五，五段）。

鼎 Cb Ⅱ、钫∨（表三，19 组）。

陶礼器第 21 组（表五，六段）。

鼎 Cb Ⅲ、蒜头壶 Ⅱ（表三，21 组）。

陶礼器第 22 组（表五，六段）。

鼎 Cb Ⅱ、蒜头壶 Ⅲ（表三，22 组）。

（三）出日用陶器的有以下各组：

日用陶器第 10 组（表五，四段）

深腹罐、卷沿罐Ⅰ，罐形釜 BⅡ、盆 AⅡ（表四，10 组）。

日用陶器第 13 组（表五，四段）。

罐∨、甑Ⅱ、盆 CⅠ、灶∨（表四，13 组）。

日用陶器第 20 组（表五，五段）。

鼓腹罐、卷沿罐Ⅰ，甑Ⅱ、井 AⅡ、灶Ⅰ（表四，20 组）。

日用陶器第 22 组（表五，六段）。

卷沿罐Ⅰ、Ⅱ，井 AⅡ、灶Ⅱ（表四，22 组）。

日用陶器第 23 组（表五，六段）。

罐形釜 BⅡ、盆形釜Ⅱ、甑∨、盆 CⅠ、钵∨、灶Ⅰ（表四，23 组）。

从上述情况可以看出，5 座乙类墓所出三类随葬品各组分别处于第四、五、六段（参见表五）。

三　丙类墓出土随葬品的组合关系及其序列

丙类墓共 3 座，分别出陶礼器、日用陶器两类随葬品，其组合关系及序列如下：

（一）出陶礼器的有三组

陶礼器第 1 组（表五，一段）。

鼎 AaⅠ、盒 AⅠ、壶 Aa、豆（表三，1 组）。

陶礼器第 5 组（表五，三段）。

鼎 Ca、壶 Ba、Bb，豆（表三，5 组）。

陶礼器第 15 组（表五，五段）。

鼎∨、钫Ⅱ（表三，15 组）。

（二）出日用陶器的有二组。

日用陶器第 1 组（表五，一段）。

瓮∨、圜底罐（表四，1 组）。

日用陶器第 5 组（表五，三段）。

瓮 AⅡ、罐∨、罐形釜 AⅠ、BⅠ，盆 AⅠ、钵∨（表四，5 组）。

从上述情况可以看出，3 座丙类墓所出两类随葬品各组分别处于第一、三、五段（参见表五）。

四　丁类墓出土随葬品的组合关系及其序列

丁类墓共 3 座，分别出铜礼器、磨光黑陶器、陶礼器、日用陶器四类随葬品，其组合关系及序列如下：

（一）出铜礼器的有三组

铜礼器第 2 组（表五，三段）。

鼎Ⅱ、蒜头壶、钫Ⅱ、釜、鍪、钵（表一，2组）。

铜礼器第7组（表五，四段）。

蒜头壶、盆（表一，7组）。

铜礼器第8组（表五，四段）。

镳斗（表一，8组）。

（二）出磨光黑陶器的有二组

磨光黑陶器第3组（表五，四段）

钫Ⅰ（表二，3组）。

磨光黑陶器第4组（表五，四段）。

钫Ⅰ（表二，4组）。

（三）出陶礼器的有三组

陶礼器第4组（表五，三段）。

豆（表三，4组）。

陶礼器第11组（表五，四段）。

鼎CbⅡ、壶∨、高领壶BⅡ、豆（表三，11组）。

陶礼器第12组（表五，四段）。

鼎CbⅡ、高领壶AbⅠ、蒜头壶Ⅰ（表三，12组）。

（四）出日用陶器的有三组

日用陶器第4组（表五，三段）

瓮AⅠ、矮领罐（表四，4组）。

日用陶器第11组（表五，四段）。

卷沿罐Ⅰ、尖底罐、罐∨，盆形釜Ⅰ、甑Ⅰ、钵∨（表四，11组）。

日用陶器第12组（表五，四段）。

盆∨、井BⅠ、灶∨（表四，12组）。

从上述情况看，3座丁类墓所出四类随葬品各组分别处于第三段，第四段（参见表五）。

五　戊类墓出土随葬品的组合关系及其序列

戊类墓共2座，分别出磨光黑陶器、陶礼器、日用陶器三类随葬品，其组合关系及序列如下：

（一）出磨光黑陶器的有二组

磨光黑陶器第6组（表五，四段）。

高领壶AaⅠ、蒜头壶Ⅰ、钫Ⅱ（表二，6组）。

磨光黑陶器第8组（表五，六段）。

高领壶∨、钫Ⅱ（表二，8组）。

（二）出陶礼器的有二组

陶礼器第14组（表五，四段）。

鼎 Cb Ⅱ（表三，14 组）。

陶礼器第 21 组（表五，六段）。

鼎 Cb Ⅱ（表三，20 组）。

（三）　出日用陶器的有二组

日用陶器第 14 组（表五，四段）。

鼓腹罐、卷沿罐 Ⅱ，甑∨、盆∨、钵 C Ⅱ、井 A Ⅰ、灶 Ⅰ（表四，14 组）。

日用陶器第 21 组（表五，六段）。

釜∨、盆 C Ⅰ、井 A Ⅱ、灶 Ⅰ（表四，21 组）。

从上述情况看，2 座戊类墓所出三类随葬品各组分别处于第四段，第六段（参见表五）。

六　己类墓出土随葬品的组合关系及其序列

己类墓共 6 座，分别出陶礼器、日用陶器两类随葬品，其组合关系及序列如下：

（一）出陶礼器的有四组

陶礼器第 2 组（表五，二段）。

鼎 Aa Ⅱ、豆（表三，2 组）。

陶礼器第 16 组（表五，五段）。

鼎 Cb Ⅱ、高领壶∨、钫∨（表三，16 组）。

陶礼器第 17 组（表五，五段）。

鼎∨、壶∨、高领壶 Ab Ⅱ（表三，17 组）。

陶礼器 18 组（表五，五段）。

鼎 Ca、盒 B、钫∨（表三，18 组）。

（二）出日用陶器的有六组

日用陶器第 2 组（表五，二段）。

长颈罐，钵 A、C Ⅰ（表四，2 组）。

日用陶器第 15 组（表五，四段）。

鼓腹罐、卷沿罐 Ⅰ、敛口罐，钵∨、井 A Ⅰ（表四，15 组）。

日用陶器第 16 组（表五，四段）。

卷沿罐 Ⅰ、罐∨、罐形釜 B Ⅱ（表四，16 组）。

日用陶器第 17 组（表五，五段）。

罐形釜 B Ⅱ、盆∨、井∨、灶∨（表四，17 组）。

日用陶器第 18 组（表五，五段）。

卷沿罐 Ⅰ、罐形釜 A Ⅱ、甑∨、盆∨、井 A Ⅰ、灶∨（表四，18 组）。

日用陶器第 19 组（表五，五段）。

罐∨、釜∨、钵 C Ⅱ、井 B Ⅱ（表四，19 组）。

从上述情况看，6 座己类墓所出两类随葬品各组分别为 1 座处于第二段，2 座处于第四段，3 座处于第五段（参见表五）。

七 甲—己类墓的期别

综观上述甲—己类墓所出四类随葬品序列（参见表一至表五），各段之间都有相交替的现象，表现了一定的连续性，但有明显的呈现出几个大的发展段落。根据这种差异，便可将甲—己类墓随葬品序列的六段归并为三期（参见表五）。

第一期 只出陶礼器和日用陶器两类随葬品。在陶礼器中不出高领壶、蒜头壶、钫及磨光黑陶器，在日用陶器中不出盆形釜、甑、灶、井。

第二期 出铜礼器、磨光黑陶礼器、陶礼器、日用陶器四类随葬品。铜礼器种类和数量最多，出鼎、壶、蒜头壶、钫、釜、鍪、镲斗、耳杯等。陶礼器增加高领壶、蒜头壶、钫，日用陶器除出瓮外，新增甑、灶、井。以有无磨光黑陶器分早、晚两段。而且，自晚段起，日用陶器不出瓮。

第三期 出磨光黑陶器、陶礼器、日用陶器三类随葬品。不出铜礼器，仅出少量兵器、日用器和杂器、钱币等。陶礼器、磨光黑陶器及日用陶器同第二期。晚段新出陶礼器鼎Cb Ⅲ、蒜头壶Ⅲ、日用陶器新增盆形釜Ⅱ。

（一）甲类墓的期别

5座甲类墓中，4座出铜礼器、陶礼器、日用陶器三类随葬品，1座出铜礼器、磨光黑陶器、陶礼器、日用陶器四类随葬品。因此，前4座墓处于第二期早段，后1座墓处于第二期晚段。

第二期早段的4座甲类墓中，铜礼器、陶礼器和日用陶器的器物组合不同，而且同类器的式别也有差异，似可分为偏前与偏后两阶段。

第二期晚段的1座甲类墓，只出磨光黑陶高领壶，日用陶器罐形釜新出Bb Ⅱ式，应该处于第二期晚段的偏早阶段。

（二）乙类墓的期别

5座乙类墓，只出磨光黑陶器、陶礼器、日用陶器三类随葬品。从三类随葬品组合和型式看2座为第二期，3座为第三期。根据三类各型随葬品多为Ⅰ式极少Ⅱ式、多为Ⅱ式极少Ⅰ式和基本全为Ⅱ式的差别分析。这5座乙类墓中，2座处于第二期晚段，1座处于第三期早段，2座处于第三期晚段。

（三）丙类墓的期别

3座丙类墓中，2座出陶礼器、日用陶器，1座（被盗）出铜礼器、陶礼器、日用陶器，1座只出陶礼器。在陶礼器组合中，2座不出高领壶、蒜头壶、钫，1座出钫Ⅱ，这一座应为第三期；在不出陶礼器高领壶、蒜头壶、钫的2座中，一座出日用陶器瓮Ⅱ，这一座应为第二期；还有一座前两者都不出，应为第一期。

（四）丁类墓的期别

3座丁类墓中，1座出铜礼器、陶礼器、日用陶器，2座出铜礼器、磨光黑陶器、陶礼器、日用陶器。

在铜礼器组合中，一座出鼎、蒜头壶、钫Ⅱ、釜、鍪、钵，2座出蒜头壶、盆或镲斗；在磨光黑陶中 2 座出钫 I；在陶礼器中，2 座处高领壶、蒜头壶；在日用陶器中 1 座出瓮 II。归纳起来，出铜礼器种类多且出日用陶器瓮的一座应为第二期早段；出铜礼器种类少，且出磨光陶和陶礼器高领壶、蒜头壶、钫的 2 座应第二期晚段。

（五）戊类墓的期别

2 座戊类墓，都出磨光黑陶器、陶礼器、日用陶器三类随葬品。从三类随葬品组合型、式看，1 座多 I 式少 II 式，应为第二期晚段。另 1 座多为 II 式应为第三期晚段。

（六）己类墓的期别

6 座己类墓中，4 座出陶礼器、日用陶器两类随葬品，2 座只出日用陶器一类随葬品。

4 座出陶礼器的墓中，1 座出鼎 Aa II、豆，另三座出鼎 Ca 或 Cb II、高领壶、钫且各式别多 II 少 I。因此，前 1 座为第一期，后 3 座为第三期早段。

只出日用陶器的 2 座墓各型式别多 I 少 II，应为第二期晚段。

八　甲—己类墓各期的年代

由于我们对于甲—己类墓的分期是统一划分的，各期、段之间的横向、纵向都有相互对应的关系。这样，我们在推定各期各段的年代时，只要确定了某一类墓某一期、段的年代，其他相对应的各类墓与之相对应的期、段的年代也就可以确定了。对于甲—己类墓三期五段的年代推定，可通过某些期、段中典型墓葬出土的"半两"和"五铢"钱币进行分析，并与其他地区年代比较确定的墓葬资料进行对比来确定。

（一）据文献记载和"半两"研究可知，"半两"可分为秦"半两"和汉"半两"。

1. 秦半两

秦惠文王二年（前 336 年）"初行钱"。这一时期的半两钱重量在 8 克左右，采用原始的泥范铸法，不平整，未经修磨，外形和厚薄并不固定，特别是其方孔不方，有的甚至作圆孔，铭文用大篆，"两"字中的"人"部分较长，俗称"长人两"。

秦始皇三十七年（前 210 年）"复行钱"。这一时期的半两钱多由地方官府自行铸造，形制的差异有所缩小，但是仍然不能做到统一。钱体不圆，方孔仍有不方者。铭文用小篆，传说乃李斯手书，"两"字中的"人"部分较短，俗称"短人两"。

2. 汉半两

刘邦时的半两又称为"荚钱"或"榆荚半两"，这种钱法定重量为三铢（约 2.1 克）即秦半两的四分之一，实际上民间私铸的钱绝大多数都不到三铢。汉初的半两钱穿孔比较大，无内外郭，肉薄，形制不够规整。

高（吕）后二年（前 186 年）铸行"八铢半两"。这种八铢重的半两钱是把减重较少的半两定为铸行货币的标准。这比当时的"榆荚钱"增加了五铢重。汉八铢半两的特征是体大肉薄、背平无文，钱文书体扁平，已经有隶书的趋向，钱直径 2.8 ~ 3.2 厘米，重 4.8 ~ 5.5 克，为汉半两中最大者，其制作也较整齐。

高后六年（前 190 年）改行"五分钱"。"五分钱"实际重量只有 2.4 铢，仅是秦半两的五分之一，是汉初"荚钱"的再现。

汉文帝前元五年（前175年）铸行"四铢半两"，简称"四铢钱"，又称汉半两。其直径为2.4～2.6厘米，重2.2～2.8克，钱穿孔比较小，无内外郭，钱文制作比较规范。

汉武帝初铸三铢钱，元狩五年（前118年）废除半两钱，始铸五铢钱。

（二）"五铢"

汉武帝以后的西汉、东汉、蜀、魏、晋、南齐、梁、陈、北魏、隋均有过铸造，历时长达739年，是我国历史上铸行数量最多、时间最长最为成功的长寿钱。西汉时的五铢钱有郡国五铢、赤（侧）仄五铢、三官五铢、宣帝五铢以及小五铢，金五铢等等。

郡国五铢，又叫元狩五铢。钱文为"五铢"，小篆书，光背，正面有轮无郭，背面则轮郭俱备。钱直径2.5厘米左右，重约3.5～4克。"五"字交笔斜直或有弯曲；"铢"字的"朱"头呈方折型，"金"字头较小，仿佛如一箭镞。少数钱上有一横划。其材料改用紫铜，因而有紫绀钱之称。

元鼎二年（前115年）收回了各郡国的铸币权后，由汉武帝中央政府统一铸钱。三官五铢就是这个时候铸造的。该钱制作精美，边郭工整，重量准确，钱文严谨规矩，"五铢"二字修长秀丽，风格较为一致，"五"字交笔缓曲，上下与两横笔交接处略向内收。"铢"字"金"头有三角形、箭镞形两种，四点方形较短。"朱"字头方折，下垂笔基本为圆折，头和尾与"金"字旁平齐，笔画粗细一致。钱型整齐，直径25～25.5毫米，穿直径约0.97厘米，郭厚0.15～0.2厘米，宽0.1～0.14厘米，比郡国五铢的郭略宽，且深峻平整，连接钱肉的一面垂直。背有内外郭，个别内郭四角微凸。重量以3.5～4克者为多，少数的超过4克。铸工精细，面背比较平整，内外郭宽窄均匀，规矩整齐。记号有穿上横和下半星两种。三官五铢币材的颜色为红色，含铜量在70%以上，含铅量约20%。

昭帝五铢（前86年～前74年），大小和武帝时三官五铢相同，但重量要比三官五铢轻，一般又比宣帝五铢略重。从书法上看，钱文"五"字变化较大，一般字形瘦长，"五"字两边交笔已变弯曲，两股末端有明显的收敛，上下横有的较长而接于外郭；"铢"字"朱"字头方折，"金"字旁呈三角形，明显低于"朱"字。面文外郭较高窄，但比郡国五铢及三官五铢略低，有穿上一横或穿下半星记号。铜色深红，铸造技术比三官钱略显粗糙。

宣帝五铢（公元前73～前49年），是汉宣帝在位期间铸行的。该钱铜质、形制、书体、铸造均已达到尽善尽美的程度。钱文笔画挺拔，给人以清秀超逸之感。"五"字交笔弯曲，上下横画超出交笔末端外，"铢"字的"金"头多呈等腰三角形而低于"朱"字。此外还有一个特征，就是该钱的外郭由外向内作坡状倾斜。钱直径有2.5和2.6毫米两种，最常见的郭厚1.5厘米，穿宽10厘米，重3.5克左右，面郭约厚1.5～2厘米。在两汉五铢中这种钱的面郭最宽。其形制整齐，肉面光洁，钱内外郭略高于钱肉，薄厚一致。

小五铢约于西汉武帝元鼎四年（前113年）始铸，俗称"鸡目钱"、"鹅眼钱"，由其形小而得名。小五铢面文"五铢"，铸造精美，面有周郭，无好郭，背侧肉好，周郭俱备，文字清晰。钱直径在1.15～1.2厘米，重约0.62～0.65克。钱文书体亦与武帝、昭帝、宣帝三代各有区别。"五"字交股有的较直，有的略弯，也有的弯曲甚大，形制上有的穿上横画如三官钱式，也有如五铢最常见的面内无郭的一种。这说明小五铢并非一朝所铸，也同普通五铢一样，分别铸造于武帝以后的西汉各个时期。就出土情况，尤其是从汉宣帝陪葬坑的出土情况看，小五铢是成串地乱置在十件大陶俑之间，说明这是冥钱而非行用钱。

剪轮五铢钱又称"磨郭五铢"、"剪郭五铢"，是一种用普通五铢钱经磨鑢加工而减重的钱币。实际上这种五铢叫磨边五铢最为贴切。西汉后期成帝、哀帝之世，社会矛盾尖锐，灾荒相继，币制也随之混乱，剪轮五铢就势此时开始出现的。洛阳烧沟及洛阳西部发掘的西汉墓中都有出土。

东汉时期的五铢主要有"延帝五铢"、"建武五铢"、"四出五铢"等。

"延帝五铢"，东汉前期铸行的五铢钱。东汉王朝刚刚建立，经济基础薄弱，社会动荡。半两钱、西汉五铢钱、王莽的货泉和大泉五十等，杂混在民间流通。直到建武十六年（40年）才重铸五铢钱。从光武帝到明帝、章帝相当长的一段时间里，五铢钱没有显著变化。

"建武五铢"，建武以后各朝五铢钱比西汉各朝五铢钱轻薄，钱径多在2.5厘米，重3.4～3.4克，厚约0.1厘米，一般为3克，外郭较窄。"五铢"二字宽肥圆柔，笔画较粗且浅，面文"五"字中间交笔弯曲，上下两横不出来，"铢"字"金"字头呈三角形，比西汉五铢金字旁大，"金"字四点较长；"朱"字头圆折，中间直笔，两端较细；制作精致，文字书体规范。铜质为浅红色，还有各种记号，如星、横画、竖画等。"星"有一星与多星之别，或半圆点，或三角点等。依其位置而言，则有穿上星、穿下星、穿上下各一星，也有穿上横、穿下星。多星者多横排成列。一般来说，这些带记号的东汉五铢要比不带记号的轻薄，铸造工艺也比较粗糙，字口浅平，铜质为黄色。其中有许多可能是东汉中后期铸造的。

"四出五铢"，东汉灵帝中平三年（186年）铸。所谓"四出"，是指钱幕从方孔的四角向外引出一道阳文直线到达外部，这可能是为了防止锉磨钱背盗铜用的防范技术。它的直径为2.5厘米，穿径约8毫米，郭厚0.15厘米，重3.6～4克。

董卓小钱铸于初平元年（190年），直径只有1.2～1.5厘米，重0.5～1克左右，而且既无内郭又无外郭，"五铢"二字模糊不清，很难辨认。这是东汉朝廷的最后一次铸钱，流通地区狭小，只限长安、洛阳一带。

东汉磨边五铢和剪凿五铢。磨边五铢始见于洛阳烧沟汉墓出土的第一型晚期。东汉中晚期常见，东汉末年更多。剪凿五铢，或称剪凿钱，是剪边钱或綖环钱的总称。其法是将一枚钱凿成内外两枚。剪凿钱西汉时期已出现，到东汉桓帝、灵帝时期（147～184年）更加增多，以至达到泛滥的地步。剪边五铢钱就是被剪凿了外围或冲凿了外郭的钱。钱文"五铢"二字仅剩一半，故又称"对文五铢"。对文五铢的钱径大小不一，钱径一般不足2厘米，重多在1.5克左右，对文五铢的边缘都有被冲截的痕迹。綖环五铢钱就是被剪去或冲凿去内圈的钱，钱仅剩边缘，呈环状，钱文"五铢"二字有的只剩一半。

三国两晋南北朝时期，蜀汉铸直百五铢；魏孝文帝太和十九年（495年）始铸"太和五铢"，宣武帝永平三年（510年）铸"永平五铢"，孝庄帝永安二年（529年）铸"永安五铢"；西魏文帝大统六年（540年）铸"大统五铢"，形制似"永安五铢"。萧梁初期，曾铸"大样五铢"；北齐文宣帝天保四年（553年）铸"常平五铢"。581年，隋统一后，另铸"开皇五铢"，结束了长达一百余年币制混乱的局面。唐武德四年（621年）铸"开元通宝钱"，废止五铢钱。

隋五铢边郭较阔，"五"字交叉两笔较直，近穿处有一道竖画。标准隋五铢钱一般径2.4厘米，重 2.8 克左右，重者可达 3.5 克以上；小型隋五铢钱径 2.3 厘米左右，重 2 克左右。隋五铢大多铜质较好，制作规整，外郭宽平，有的"铢"字"金"首三角内斜，"朱"首方折。因币材配剂铅量增加，钱色发白，故称"白钱"。

（三）24 座甲—己类土坑墓中，16 座发现有钱币，出土钱币 1600 多枚，其中出土"半两"的有 12 座，出"五铢"的有 2 座，另有 2 座出土的钱币锈蚀严重，不辩钱文。

1. 出"半两"的 12 座墓从墓葬形制、随葬品组合与序列及"半两"的研究成果看，其年代当在公元前 336～公元前 118 年（秦惠文王二年至汉武帝元狩五年）。典型墓葬有 M48、M42、M4、M30。其中 M48 出"秦半两"和"榆荚半两"，应是出土半两钱墓葬中年代最早的，下限当在汉初高帝时期。M42 出"秦半两"、"榆荚半两"和"汉半两"，其下限当在汉武帝元狩五年（前 118年）前后，所以，出"汉半两"的墓葬，年代当在汉高帝至汉武帝。

2. 出土"五铢"的 2 座墓葬，其墓葬形制、随葬品组合及序列同出"半两"的墓葬基本相同，其年代上限应该不会早于汉武帝元狩五年；又由于墓葬的形制与随葬品组合及特征与"半两"墓基本相同的原因，其年代不会相差太远。再加上"五铢"钱的特征，其年代下限当在汉昭帝前。

3. 不出钱币的墓葬有 8 座，其中 7 座出土随葬品组合及形制特征与出"半两"与"五铢"的墓葬基本相同，其年代应该大体相当；另外一座（M37）的随葬品组合及形制特征与其他墓葬区别较明显，年代当略早，应略早于秦惠文王。

通过以上的推定，二龙岗土坑墓三期六段的年代应是：

第 1 期第一段　战国晚期。

第二段　西汉初。

第二期　第三段　西汉早期早段。

　　　　第四段　西汉早期晚段。

第三期　第五段　西汉中期早段。

　　　　第六段　西汉中期晚段。

（四）3 座（M45、M44、M10）不出随葬品的空墓（M10 出数枚锈蚀严重钱币，不辩钱文）的期别与年代。由于 M45→M44→M43。M43 确定为第二期的三段，年代为西汉早期早段。M44 打破M43，年代当晚于该墓，似可定在西汉早期晚段。M45 又打破了 M44，年代当比该墓更晚，似可定在西汉中期早段。M10 仅出数枚锈蚀严重的钱币，无其他可资比较的材料，综合二龙岗土坑墓的分期与年代，可拟定不晚于西汉中期晚段。

第三节　汉代砖室（棺）墓的随葬品组合及序列

一　砖室墓的随葬品组合

汉代砖室墓共 9 座，全都不同程度地被盗或遭破坏。出土随葬品的墓有 6 座，除 M9 出土较多随葬品外，其余的墓出土随葬品都很少，因此，本次发现的砖室墓随葬品组合情况不明。从出土随葬品的 6 座墓葬看，出土随葬品的种类主要有陶器、铜器和铁器。陶器为日用器和陶俑，无陶礼器；铜器以钱币为主，有少量日用器或兵器，铁器主要为工具。

二　砖棺墓的随葬品组合

汉代砖棺墓共 5 座，其中 3 座出随葬品，种类和数量都很少。陶器只有罐，铜器全为钱币，铁器只有剑。

第四节　汉代砖室（棺）墓的年代与分期

一　砖室墓的年代与分期

9 座砖室墓中出土随葬品的墓有 6 座，又由于被盗或遭破坏，随葬品组合及序列不清楚，所以，对它们的分期和年代断定，只能从出土随葬品的形制特征及与本地出土同类器物进行比较，再结合出土钱币的情况来确定。不出随葬品的 3 座墓，只能根据其墓葬形制进行大致的推定。

出土随葬品的墓葬有 M19、M34、M35、M9、M8、M39，其中，前 4 座墓都出土"五铢"，M8 出"大泉五十"和"货泉"，M39 仅出红、灰陶片及残铁剑，所以，M8 的年代比较确定。"大泉五十"是东汉初王莽时期流通的货币，"货泉"始于王莽天凤元年（14 年），至光武建武十六年（40 年）流通，因此，M8 的下限为东汉光武时期。

出"五铢"的 4 座墓中，M19 所出的卷沿罐，与土坑墓出土的同类器形制特征接近，其年代应与之相当或略晚，再因墓葬形制的变化，将年代拟定在西汉晚期应该无误。同理，M34、M35 也可将年代大致定为此时。

M9 虽然也出"五铢"，但由于还出土了数量较多的陶俑，其年代当在 M19 至 M8 之间，即西汉与东汉相交之际。

M39 由于出土随葬品太少，且无可资断代的器物，所以，它与不出随葬品的 3 座墓一起，只能进行大致的年代推断。

这样，可将出土随葬品的 5 座汉代砖室墓分为西汉晚期和东汉早期两期。

1. 西汉晚期墓　M19、M34、M35。

2. 东汉早期墓　M9、M8。

M39 与 M5、M7、M15 的年代由于墓葬形制与前述墓葬相同，其年代应该大致相同，约在西汉晚至东汉早期。

二 砖棺墓的年代与分期

5座砖棺墓中出土随葬品的墓有3座，随葬品的组合虽然清楚，但种类和数量都很少，所以，对它们的年代和分期也只能从随葬品的形制特征及与本地出土同类器物进行比较，在结合出土钱币的情况来确定。不出随葬品的2座墓，只能根据其墓葬形制进行大致的推定。

出土随葬品的3座墓为M18、M24、M25，其中M18、M25出"五铢"，M24出土"货泉"。从前述可知，M24年代当为东汉光武时期；M18、M25年代当在西汉晚期。

这样，可将3座砖棺墓分为西汉晚和东汉早两期。

1. 西汉晚期墓　M18、M25。

2. 东汉早期墓　M24。

不出随葬品的M29、M11由于墓葬形制与前述墓葬相同，其年代大致为西汉晚期至东汉早期。

第七章　余　论

　　二龙岗墓地共发掘墓葬47座，其中多为秦、汉墓，少量宋墓，特别是发现的中、小型秦、汉土坑墓，墓葬形制清楚、随葬品组合及序列关系明显，为研究当时的葬制、葬俗等提供了许多新的内容。本报告首先将全部土坑墓进行分类，然后再根据不同类别的墓葬，对各类随葬品进行分类分期，这在四川地区的秦汉土坑墓研究中尚属首次，希望能够客观地反映出不同类别墓的变化规律。

第一节　不同等级土坑墓的差别及变化规律

　　二龙岗土坑墓分为甲、乙、丙、丁、戊、己、庚七类，首先考虑的是葬具的有无，以及随葬品的种类和多寡。通过对不同类别墓的分析之后，还可以看出以下几个方面的变化规律。

一　不同等级墓的随葬品组合差别及其变化规律

　　七类墓葬中除庚类为空墓或仅发现少量无法辨认的钱币外，甲至己六类均有成组合的随葬品。六类墓中随葬品的差别，又因时代不同而各异。

　　战国晚期，只有丙类墓，随葬2鼎一套的陶礼器和日用陶器。陶礼器组合较齐，有鼎、盒、壶、豆，豆的数量最多，共6件。日用陶器种类和数量少，仅有瓮、釜。

　　西汉初，只有己类墓，随葬2鼎一套的陶礼器和日用陶器。陶礼器和日用陶器种类和数量都少，礼器有鼎、豆，豆的数量也较多，有5件。日用陶器有罐、钵。

　　西汉早期早段，有甲、丙、丁类墓，随葬铜礼器、陶礼器和日用陶器。

　　甲类墓随葬2鼎或无鼎一套的铜礼器，4鼎或2鼎（鼎形器）一套的陶礼器，日用陶器有瓮、罐、釜。

　　丙类墓随葬釜、鍪、钵铜礼器，2鼎一套陶礼器，日用陶器有瓮、罐、釜、盆、钵。

　　丁类墓随葬1鼎一套的铜礼器，陶礼器只有豆，日用陶器有瓮、罐。

　　西汉早期晚段，有甲、乙、丁、戊、己类墓，不同类别墓葬出土随葬品类别也不同，除己类外新增磨光黑陶器。

　　甲类墓随葬无鼎铜礼器，新增磨光黑陶礼器高领壶，陶礼器为1鼎组合，日用陶器除罐、釜、盆外，新增甑、灶、井。

　　乙类墓新出磨光黑陶礼器高领壶、钫或磨光日用陶器井，陶礼器为2鼎或1鼎组合，新出蒜头壶或钫，日用陶器为罐、釜、盆或罐、盆、甑、灶。

丁类墓随葬无鼎铜礼器，种类和数量明显减少，磨光黑陶礼器只有钫，陶礼器为 2 鼎组合，新出高领壶、蒜头壶，日用陶器新增甑、灶、井。

戊类墓随葬磨光黑陶高领壶、蒜头壶、钫和 1 鼎陶礼器组合，日用陶器组合有罐、盆、钵、甑、灶、井。

己类墓只随葬日用陶器，组合为罐、钵、井或罐、釜。

西汉中期早段，有丙、己类墓。

丙类墓只随葬 1 鼎、钫组合的陶礼器。

己类墓多数随葬 2 鼎或 1 鼎组合的陶礼器和日用陶器，极少随葬磨光黑陶礼器。种类同西汉早期晚段。

西汉中期晚段，有乙、戊类墓。都随葬磨光黑陶礼器、陶礼器和日用陶器。

乙类墓随葬磨光黑陶礼器高领壶、钫，陶礼器为 2 鼎或 1 鼎组合的鼎、蒜头壶，日用陶器同上段。

戊类墓随葬磨光黑陶高领壶、钫和 2 鼎组合的陶礼器，日用陶器组合为釜、盆、灶、井。

二　不同等级墓墓葬形制差别及其变化规律

关于各类墓的葬具有无及大小，墓圹的宽窄及大小，在第三章中已有详述。虽然各类墓的数量多寡不一，有的墓类数量仅 2 座，但我们仍然想这里再补充一点由战国晚期至西汉中期各类墓形制所表现出来的变化规律。

从墓底长宽比来看，西汉早期及此前的各类墓，长宽比绝大部分在 2∶1 以上，极少 2∶1 以下的。到西汉中期，长宽比都在 2∶1 以下。

有二层台的墓共 5 座，1 座在西汉早期早段，占 20%，4 座在西汉早期晚段，占 80%。5 座甲类墓中 2 座有二层台，占 40%，5 座乙类墓中 1 座有二层台，占 20%，3 座丁类墓中 1 座有二层台，占 33.33%，2 座戊类墓中 1 座有二层台，占 50%。

从墓壁的斜度看，15 座为直壁或较直，占 55.56%，10 座为斜壁，占 37.04%，2 座为异型，占 7.4%。甲类墓 5 座，斜壁 4 座，占 80%，直壁 1 座，占 20%。乙类墓 5 座，直壁 4 座，占 80%，异型 1 座，占 20%。丙类墓 3 座，斜壁 2 座，占 66.67%，直壁 1 座，占 33.33%. 丁类墓 3 座，直壁 2 座，占 66.67%，异型 1 座，占 33.33%。戊类墓 2 座，全为直壁。己类墓 6 座，直壁 4 座，占 66.67%，斜壁 2 座，占 33.33%。庚类墓 3 座，斜壁 2 座，占 66.67%。直壁 1 座，占 33.33%。除庚类 3 座墓期段不明外，西汉早期早段及此前的墓共 8 座，斜壁 6 座，占 75%，直壁 2 座，占 25%。西汉早期晚段至中期晚段墓共 16 座，斜壁 2 座，占 12.5%，直壁 12 座，占 75%，异型 2 座，占 12.5%。

上述可知，墓底长宽比由大变小，二层台只流行于西汉早期，墓壁有由斜变直的趋势。

第二节　各类墓墓主人的身份推测

关于二龙岗土坑墓各类墓主人的身份，虽然时代稍晚，但似仍可以借助先秦的棺椁制度和礼器制度进行推测。

关于棺椁制度，《礼记·檀弓》载："天子之棺四重。"郑玄注："诸公三重，诸侯再重，大夫一重，士不重。"这里是单指棺层数，未言椁。所谓"重"，是指内棺外所加外层棺的层数。"士不重"即内棺外未加外棺，"大夫一重"即内棺外再加一层外棺，共二层，以此类推。《礼记》和郑玄注所指用棺制度则为：天子用五层棺，诸公用四层棺，诸侯用三层棺，大夫用二层棺，士用一层棺。又《荀子·礼论》载："天子棺椁七重，诸侯五重，大夫三重，士再重。"这里的"重"应作"层"解，是指棺椁的总层数。两相对照，可以推知《荀子》所记的用棺椁层数，即天子用二椁五棺，诸侯用一椁四棺，大夫用一椁二棺，士用一椁一棺。

关于用鼎制度，俞伟超、高明先生已作了系统研究，认为西周古制应为：天子九鼎，诸侯七鼎，卿大夫五鼎，元士三鼎。士除用三鼎外，有时还用特一鼎①。

这种棺椁制度和用鼎制度，由于后来社会等级的重新分化以及礼制僭越、礼崩乐坏等情况，进入战国以后已经非常严重。介于战国晚期至西汉中期的二龙岗土坑墓随葬品发生紊乱和分化，并普遍地随葬陶礼器，既受棺椁制度和用鼎制度的影响又存在等级僭越的现象，因此，在推测二龙岗各类墓墓主人身份时，应将这些因素考虑在内。

甲、乙、丙三类墓都有葬具，但由于葬具都已腐朽，无法确知其"重"数。从棺椁制度看，其墓主人身份可能为不低于士一级，各类墓主的身份差别，可从用鼎制度中略窥一二。

5座甲类中，M2、M42都用2鼎一套的铜礼器和4鼎一套的陶礼器，以棺椁制度和用鼎制度来衡量，这两座墓应该是甲类墓中属于有田禄可以自造祭器的元士（即上士）一级的墓，而其中的M2，在墓葬形制中采用积炭的方式，其级别可能高于M42。M23、M36、M43三座甲类墓，由于在随葬铜礼器中无鼎，陶礼器用2鼎（鼎形器）和1鼎一套，其墓主身份大概是低于元士的中士或下士。

5座乙类墓M12、M20、M22、M30、M40都不出铜礼器，都出2鼎一套的陶礼器和磨光黑陶器，其身份应较甲类墓低，大概是士中的贫困者或庶民中的富裕者。

3座丙类墓M17、M37、M38都不出铜礼器、磨光黑陶器，随葬2鼎一套的陶礼器（M17因被盗，只由1鼎），其身份应较乙类墓略低，大概为庶民中的富裕者。

丁、戊、己三类墓都无葬具，从棺椁制度看，其墓主人身份应该是低于士的庶民。从用鼎制度看，其墓主身份也存在一些差别。

3座丁类墓M1、M4、M21中，M1由于遭破坏，墓葬形制中是否有葬具已不明。随葬品中发现

---

①　俞伟超、高明：《周代用鼎制度研究》，《先秦两汉考古学论集》，文物出版社，1985年。

1 鼎一套的铜礼器，随葬陶器不全。从用鼎制度看，大概为士一级。M4、M21 随葬铜礼器无鼎，随葬 2 鼎一套的陶礼器和磨光黑陶器，墓主人身份大概为庶民中的富裕者。

2 座戊类墓 M16、M28 都无铜礼器，随葬 2 或 1 鼎一套的陶礼器和磨光黑陶，墓主身份大概为庶民。

6 座己类墓都不随葬铜礼器和磨光黑陶器。M13、M48 随葬 2 鼎一套的陶礼器，M6、M27 随葬 1 鼎一套的陶礼器，墓主人身份大概是庶民中的中产阶级。M14、M26 只随葬日用陶器，墓主人身份大概是庶民中的下层。

3 座空墓 M10、M44、M45，除 M10 随葬少量钱币外，不出任何随葬品，墓主人身份大概是一贫如洗者。

第三节　各类墓文化因素的分析及其族属

战国晚期至西汉中期，二龙岗土坑墓随葬品的器物特征及表现的文化因素，因随葬品的种类不同而各异。

一　青铜礼器的文化因素分析

二龙岗甲、丁类墓中的青铜礼器较少，集中出现在西汉早期，其鼎、壶、蒜头壶、钫、釜、鍪、镳斗等，其来源主要是秦文化系统，特别是鼎、蒜头壶、鍪在秦墓中常见形制特征相同者。

二　陶礼器的文化因素分析

二龙岗土坑墓陶礼器在甲至己类墓中都有出土，其组合和形制特征从早到晚存在一定的变化。在战国晚期至西汉早期，主要是鼎、盒、壶、豆或鼎形器、盒、壶的组合，到西汉早期末到西汉中期，发展为鼎、高领壶、蒜头壶、钫的组合。前一组合主要来源于周文化，后一组合来源于秦文化。

三　磨光黑陶的文化因素分析

二龙岗土坑墓磨光黑陶器主要在乙、戊类墓和少见于甲、丁类墓中出土，器类主要有高领壶、蒜头壶、钫，少量鼎和井。流行于西汉早期晚段至西汉中期晚段。从器物种类看，源于秦文化的因素较多，但从磨光黑陶的制作风格看，又似楚文化。

四　日用陶器的文化因素分析

二龙岗土坑墓所出的日用陶器，器类主要有瓮、罐、釜、盆、钵、甑、灶、井，除后三类为明器，出现于西汉早期早段末外，前几类多源于当地战国晚期蜀和巴文化墓葬中，应是其文化传统的延续。

五　族　属

总之，通过对二龙岗土坑墓等级类别和文化因素的分析，大体可以看出自战国晚期至西汉中期二龙岗地处蜀与中原南北交通主通道，这批墓葬的族属源自蜀文化、周文化、秦文化与楚文化，且为多种文化相融合所表现出来的独特风格。

从墓葬形制看，二龙岗土坑墓虽然都为长方形竖穴土坑墓，却不见秦文化墓中多见的洞室形制，也不见楚文化墓中常见的白膏泥；从葬制上看，不见典型秦墓的屈肢葬；从随葬品组合看，也与与之相邻的什邡城关战国秦汉墓地①土坑墓随葬陶器组合不同，这种现象既表明当时当地文化面貌的多样性，也表现出民族成分的复杂性。

二龙岗墓地是四川省秦汉时期的重要考古发现，其中的 27 座土坑墓集中展现了战国晚期至西汉中期成都平原土坑墓考古学文化面貌和发展序列。5 座砖棺墓的发现，丰富了成都平原汉墓的葬制、葬俗，为汉墓研究提供了新材料。

---

① 四川省文物考古研究院、德阳市文物考古研究所等：《什邡城关战国秦汉墓地》，文物出版社，2006 年。

附表

附表一　广汉二龙岗秦汉土坑墓墓葬登记表

期	段	年代	墓号	类型	方向	形制 口	形制 壁	形制 底	尺寸(厘米) 长(口/底)	尺寸(厘米) 宽(口/底)	尺寸(厘米) 深	葬具	葬式	随葬品 陶器	随葬品 铜器	随葬品 钱币	随葬品 铁器	随葬品 银器	随葬品 玉石器	备注
一	1	战国晚期	M37	丙	345°	长方形	直	不平	430	210	45	有葬具痕	仰身直肢	鼎Aa I 2、盒2、A I 1、壶1、Aa1、瓮6、罐形釜A2、丸1、盖1						
一	2	西汉初	M48	己	200°	长方形	微斜	较平	350/340	170/160	175			鼎Aa II 2、豆5、长颈罐1、弧腹钵1、折腹钵A I 1		"半两"16				
二	3	西汉早期早段	M42	甲	225°	长方形	斜弧	较平	520/470	620/570	110	有葬具痕	2具，仰身直肢	鼎Ca1、Cb I 3、壶Ba1、豆2、瓮A II 1、矮领罐2、罐形釜A A1、B2、环2 II、B2	鼎II、III、钫I、釜1、盆1、带钩B97	"半两"A13、C13	斧1		饰件1	残。夫妻合葬墓？
二	3	西汉早期早段	M1	丁	90°	长方形	直	平	200/280	370				瓮A I 1、矮领罐1、豆1	鼎II1、蒜头1、钫II1、釜1、钵1					残。

续附表一

期	段	年代	墓号	类型	方向	口	壁	底	长（口/底）	宽（口/底）	深	葬具	葬式	陶器	铜器	钱币	铁器	银器	玉石器	备注
二	3	西汉早期早段	M38	丙	170°	长方形	斜	平	490/470	240/230	125	有葬具痕	仰身直肢	鼎 Ca2，壶 Ba1,Bb1，豆 4，瓮 AⅡ1，罐形 2，釜 AⅡ,BⅡ，盆 AⅡ1，直腹钵 1	带钩 A1					
			M36	甲	18°	长方形	斜	平	490/420	240/204	154	有葬具痕	残存牙齿 2	缠壶 2，盒 1，AⅡ1，瓮 AⅡ 1，高领罐 1，罐 1，罐形 1，AⅠ1,BⅠ2	盆 1，匜 2，釜 1，带钩 1					
			M43	甲	215°	长方形	微斜	较平	400/390	190/180	40～50	有葬具痕	仰身直肢	鼎 B2，壶 Ab1，瓮 B1，罐形釜 1,AⅠ1，盖 1	盆 1，饰件 1					
			M2	甲	348°	长方形	斜	平	820/770	550/530	200	有葬具痕	仰身直肢	鼎 Ab4，高领壶 1，壶 Ba2，瓮 AⅡ1，中领罐 2，侈口罐 1，盆形豆 1，器盖 1，钵 2	鼎Ⅱ,Ⅲ1，壶Ⅰ2，蒜头壶 1，釜 1，鍪 1，盆 1，卮（卮）足 4，器盖? 1，剑 1，铜环 4，扣环 10 余件，铺首 3，车軎 1，削 1，戈 1，镜 1，带钩 2	"半两"	剑 1，削 1	奁（卮）1	玉环 1	有熟土二层台；四周积炭。

续附表一

期	段	年代	墓号	类型	方向	形制口	形制壁	形制底	尺寸长(口/底)	尺寸宽(口/底)	尺寸深	葬具	葬式	陶器	铜器	钱币	铁器	银器	玉石器	备注
二	4	西汉早期晚段	M23	甲	351°	长方形	直	较平	410/364	180/130	80	有葬具痕		鼎CbⅡ1, 盒B1, 高领壶B1, 深腹罐1, 卷沿罐1, 罐形釜B2, 盆B1, 灶Ⅱ1, 井AⅡ	锥斗1, 耳杯1, 杯1, 指环1	"半两"60	剑1, 削1			有熟土二层台
			M40	乙	202°	长方形	上斜下直	较平	520/330	286/121	155	有葬具痕	少许头骨	鼎CbⅡ1, 高领壶BⅡ1, 钫1, 深腹罐1, 卷沿罐I3, 罐形釜BⅡ2, 盆AⅡ1, 盖1						
			M4	丁	356°	长方形	上直下弧	平	230/320	450/420	220		仰身直肢	鼎CbⅡ2, 壶盖1, 高领壶I1,I2, 钫1, 卷沿罐1,I2, 尖底罐1, 盆2, 罐形釜8, 盖盆BⅡ1, 甑I1, 豆1, 仓1, 钩2, 环1, 块?1	蒜头壶1, 洗1, 盖弓帽8	"半两"12, A335, B67	剑1			

续附表一

期	段	年代	墓号	类型	方向	形制 口	形制 壁	形制 底	尺寸(厘米) 长(口/底)	尺寸(厘米) 宽(口/底)	尺寸(厘米) 深	葬具	葬式	随葬品 陶器	随葬品 铜器	随葬品 钱币	随葬品 铁器	随葬品 银器	随葬品 玉石器	备注
二	4	西汉早期晚段	M21	丁	9°	长方形	较直	较平	462/368	310/160	80		仰身直肢	鼎 CbⅡ2, 高领壶 Ab Ⅰ1, 钫壶 Ⅰ1, 小罐 Ⅰ1, 盆 1, 勺 1, 灶 1, 井 BⅠ1	蒜头 镣斗 1, 镜 1, 襟钩 1	"半两" 数枚	剑1, 刀1, 削1			有熟土二层台
			M22	乙	270°	长方形	直	较平	420/350	280/130	20	有葬具痕	仰身直肢	鼎 CbⅠ2, 高领壶 AaⅠ1, 蒜头 钫壶Ⅱ1, 蒜头 1, 罐 1, 盆 CⅠ1, 小罐 2, 甑Ⅱ1, 盖 1, 灶 1, 井 AⅠ1		"半两" B15, C379	剑1, 不明器1			有熟土二层台
			M28	戊	268°	长方形	直	较平	426/396	258/156	42		仰身直肢	鼎 CbⅡ1, 高领壶 AaⅠ1, 蒜头壶Ⅱ1, 钫壶Ⅱ1, 卷沿 鼓腹罐Ⅱ3, 小罐 1, 盆 CⅠ1, 折腹钵 AⅡ1, 甑Ⅱ1, 灶Ⅰ1, 井 AⅡ1		"半两" 数十				有熟土二层台

续附表一

期	段	年代	墓号	类型	方向	口	壁	底	长(口/底)	宽(口/底)	深	葬具	葬式	陶器	铜器	钱币	铁器	银器	玉石器	备注
二	4	西汉早期晚段	M14	己	188°	长方形	较直	较平	450	260	210			鼓腹罐2,卷沿罐II1,小罐2,钵1,井AII						
			M26	己	22°	长方形	直	较平	340	150	48			卷沿罐I2,II1,罐形釜BII2,仓1		"半两"数十枚	匕1			
			M44	庚	40°~220°	长方形	微斜	较平	305/295	160/150	60~70									空
三	5	西汉中期早段	M17	丙	5°	长方形	斜	平	500/498	350/320	190	有葬具痕		鼎1,钫II1	环2,剑鞘1	"半两"A21				
			M13	己	4°	长方形	斜	较平	500	300	70			鼎CbII2,高领壶2,钫2,小罐1,罐形釜BII1,盆1,井1		"半两"6				
			M27	己	268°	长方形	直	平	300	180	64		仰身直肢	鼎1,高领壶1,壶1,卷沿罐I1,罐2,罐形釜BaII1,盆1,甑1,灶1	带钩1,小带钩1,襟钩1	"五铢"3	不明器1			

续附表一

期	段	年代	墓号	类型	方向	形制 口	形制 壁	形制 底	尺寸(厘米) 长(口/底)	尺寸(厘米) 宽(口/底)	尺寸(厘米) 深	葬具	葬式	随葬品 陶器	随葬品 铜器	随葬品 钱币	随葬品 铁器	随葬品 银器	随葬品 玉石器	备注
三	5	西汉中期早段	M6	己	4°	长方形	直	平	残220	残300	30			鼎 Ca1、盒1、钫1、罐1、釜1、折腹钵1、A III1、井 BIII		"五铢"17、A8、B1				残
三	5	西汉中期早段	M12	乙	335°	长方形	较直	较平	460	300	50	有葬具痕		鼎 CbII2、高领壶 AaII1、钫II1、卷沿罐I5、鼓腹罐1、小罐1、甑III2、甗III1、灶 I1、井 AII1、丸1	削1、镜1、带钩 B1、饰件1、泡钉2	"半两"196	剑1、镰?1、铧1		磨盘1、磨棒1	
三	5	西汉中期早段	M45	庚	60°~240°	长方形	斜	较平	350/340	100/90	65									空
三	6	西汉中期晚段	M16	戊	4°	长方形	直	较平	470	300	80			鼎 Cb II2、高领壶 II1、钫 C I1、盆 I1、灶 A II1、井 A II1			钱币7枚			

续附表一

期	段	年代	墓号	类型	方向	形制 口	形制 壁	形制 底	尺寸(厘米) 长(口/底)	尺寸(厘米) 宽(口/底)	尺寸(厘米) 深	葬具	葬式	随葬品 陶器	随葬品 铜器	随葬品 钱币	随葬品 铁器	随葬品 银器	随葬品 玉石器	备注
三	6	西汉中期晚段	M30	乙	90°	长方形	较直	较平	382	282	70	有葬具痕	存牙数枚	鼎 1，Cb III 1，高领壶 Aa II 1，蒜头壶 II 1，钫 II 1，卷沿罐 I 3，小罐 2，灶 II 1，井 A II 1	镜 1，带钩 1，环? 1，指环 2，珠 1	"半两" A125、B55、C180	刀 1			
			M20	乙	182°	长方形	直	平	530	300	90	有葬具痕		鼎 1，Cb II 1，高领壶 1，蒜头壶 III 1，钫 1，小罐 2，罐形釜 B II 1，盆形釜 C II 1，盆 I 1，钵 1，甑 1，灶 1，井 B1	带钩 1		刀 1			
			M10	庚	12°～192°	长方形	直	平	100	82	55					钱币数枚				残
不明	不明	汉代	M01												句 1，匕 2，戈 1，剑 3，矛 1，带钩 3，印章 2，B1		剑 2，凿 1		璧 1，珙 1	破环

附表二　广汉二龙岗汉代砖室砖（棺）墓墓葬登记表

期	年代	墓号	墓向	形制 分类	形制 口	形制 壁	形制 底	尺寸（厘米）长（口/底）	尺寸（厘米）宽（口/底）	尺寸（厘米）深	葬具	葬式	随葬品 陶器	随葬品 铜器	随葬品 钱币	随葬品 铁器	随葬品 玉石器	备注
一	西汉晚期	M19	161°~341°	砖室	长方形	直	平	330	235	95			罐1,丸6		"五铢"3			残
		M34	25°~205°	砖室	长方形	直	平	387/389	180/183	62					五铢5		玉指环2	残
		M35	162°~342°	砖室	长方形	直	平	385	225	38		残存量少,白门齿			"五铢"2 小串			残
		M18	15°	砖棺	长方形	较直	较平	180	57	41		二次葬	卷沿罐1,釜1		"五铢"27			
		M25	280°	砖棺	长方形	直	平	140	42	33			罐2		"五铢"28			
二	东汉早期	M9	77°~257°	砖室	长方形	直	平	92/584	192/190	62	陶棺		鼎1,蒜头壶1,罐2,灶1,钵1,饰件1,纺轮3,柱形器1,井1,仓1,房4,执奁俑2,执箕俑1,腹袋俑1,听琴俑1,击鼓俑1,抚琴俑1,舞俑2,坐俑1,笼袖俑3,猪俑1,狗2,猪2,鸡2,鸽2,鸳鸯2	饰鱼1,摇钱树叶片2	"五铢"4	铁刀1		残

续附表二

期	年代	墓号	墓向	形制 分类	口	壁	底	尺寸(厘米) 长(口/底)	宽(口/底)	深	葬具	葬式	随葬品 陶器	铜器	钱币	铁器	玉石器	备注
二	东汉早期	M8	86°~266°	砖室	长方形	直	平	70/440	182/186	204~32			罐1、釜1、碗3、钵3、仓1房1		"五铢"1，"大泉五十"6，"货泉"2			残
		M24	20°	砖椁	长方形	直	平	120	38	21		残存牙	罐1		钱币2，"货泉"41	剑1		
	汉代	M39	90°~270°	砖室	长方形	直	平	450	210	90			残陶俑			残剑1		残
		M5	12°~192°	砖室	长方形	直	平	330	250	55			残陶片					残
		M7	5°~185°	砖室	长方形	直	平	408	230	138								残
		M15	10°~190°	砖室	长方形	直	平	460	240	77			鼎、罐、甑、匜残片。可辨鼎1、罐1、蒜头壶1、纺轮2					残
		M29	153°	砖椁	长方形	直	平	132	46	24		残存齿痕						残
		M11	17°~197°	砖椁	长方形	直	平	90/78	37/33	35								残

附表三　广汉二龙岗宋代墓葬登记表

墓号	方向	分类	形制			尺寸（厘米）			葬具	葬式	随葬品		备注
			口	壁	底	长（口/底）	宽（口/底）	深			釉陶	铜器	
M41	25°	土坑墓	长方形	斜	较平，头部下凹	280/270	120/104	100	有葬具	仰身直肢	罐2，碗2，盒1，买地券	簪1，钗1	石灰铺底
M46	40°~220°	土坑墓	长方形	斜	较平	250/240	135/125	50				"崇宁通宝"5	
M31	70°~250°	砖室墓	长方形	直	平	129	73	38			釉陶四系罐2，双耳罐1，双耳杯2，碗1		残
M32	180°	砖室墓	"中"字形	较直	平	560/346	216/210	68					残。前有较长阶梯形墓道，后有短斜坡墓道。
M33	50°~230°	砖室墓	长方形	直	平	162	42	12			残碗碎片		残
M47	20°~200°	砖室墓	长方形	直	较平	115/110	60	40					残

附表四 二龙岗墓地秦汉土坑墓主要墓葬主要随葬品分期图表

续附表四

期	段	年代	墓号	随葬品 陶器	铜、铁、玉石器
二	3	西汉早期早段	M38		
二	3	西汉早期早段	M36		
二	3	西汉早期早段	M43		

期	段	年代	墓号	随葬品	随葬品	随葬品
				陶　器	铜、铁、玉石器	
二	3	西汉早期早段	M2			
二	4	西汉早期晚段	M23			
二	4	西汉早期晚段	M40			

续附表四

续附表四

期	段	年代	墓号	随葬品	
				陶器	铜、铁、玉石器
二	4	西汉早期晚段	M4		
二	4	西汉早期晚段	M21		

续附表四

期	段	年代	墓号	随葬品	铜、铁、玉石器
二	4	西汉早期晚段	M22		
二	4	西汉早期晚段	M28		

期	段	年代	墓号	陶 器	随 葬 品	铜、铁、玉石器
二	4	西汉早期晚段	M14	AI		
二	4	西汉早期晚段	M26	I　　II　　BII		
三	5	西汉中期早段	M17	II		

续附表四

续附表四

期	段	年代	墓号	随葬品 陶器	随葬品 铜、铁、玉石器
三	5	西汉中期早段	M13	CbⅡ　BⅡ	
三	5	西汉中期早段	M27	AⅡ　Ⅰ　AbⅡ	
三	5	西汉中期早段	M6	CⅡ　BⅡ　B　Ca	A　B

期	段	年代	墓号	陶 器 随 葬 品	铜、铁、玉石器
三	5	西汉中期早段	M12		
三	6	西汉中期晚段	M16		

续附表四

续附表四

期	段	年代	墓号	随葬品
				陶器　　　　　　　　　　　　铜、铁、玉石器
三	6	西汉中期晚段	M30	
三	6	西汉中期晚段	M20	

后　记

本报告的出版得到国家重点文物保护专项补助经费资助。

本报告的室内资料整理得到四川省文物局文物保护专项补助经费资助。

先后参加广汉市二龙岗墓地田野发掘和室内资料整理工作的有孙智彬、辛中华、代兵、王静、吴长源、及康生、宋健民、敖天照、江中伟、邱登成、徐伟、廖华、龚兆乾、肖玉、黄帮军、罗文灿、曾令玲等。领队孙智彬。

报告中的器物修复由代兵、吴长源完成，插图由王静、曾令玲绘制，拓片由吴长源、曾令玲完成，发掘场景照片由及康生、孙智彬、辛中华拍摄，器物照片由江聪拍摄，报告由孙智彬执笔。

在发掘广汉二龙岗墓地以及整理、编写《广汉二龙岗》发掘报告过程中，我们得到了国家文物局、四川省文物局、四川省文物考古研究院、德阳市文化局、德阳市文物考古研究所、广汉市文化局、广汉市文物局、广汉市三星堆博物馆、广汉市文物保护管理所、宝成复线铁路建设指挥部等单位的大力支持和协助。我们还得到四川省文物局梁旭仲，四川省文物考古研究院马家郁、李昭和，广汉市文物局、三星堆博物馆朱亚蓉、杨阳，广汉市文物保护管理所敖兴全、王锡宽、刘军等先生和女士们的指导和支持，在此一并致谢。

在《广汉二龙岗》发掘报告的立项、整理及编写过程中，我们还得到了四川省文物局王琼、赵川荣、何振华，四川省文物考古研究院高大伦、周科华、雷雨等诸位女士和先生们的大力支持和帮助，在此特致谢意。

编者
2014 年 5 月

图 版

图版一　广汉市二龙岗墓地（2011年8月26日航片）

图版二　广汉二龙岗南区（东向西）

图版三　广汉二龙岗北区（东向西）

图版四　Ab型陶鼎（M2：21）

图版五　Ab型陶鼎（M2：22）

图版六　Ab型陶鼎（M2：23）

图版七　AbⅠ式陶高领壶（M2∶6）

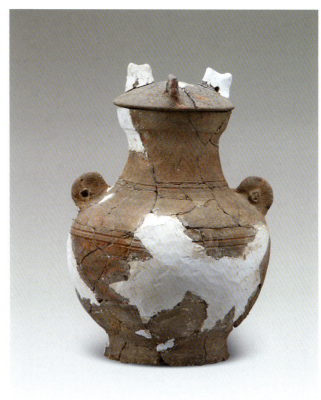

图版八　Ba型陶壶（M2∶19）

图版九　Ba型陶壶（M2∶20）

图版一〇　AⅡ式陶瓮（M2∶45）

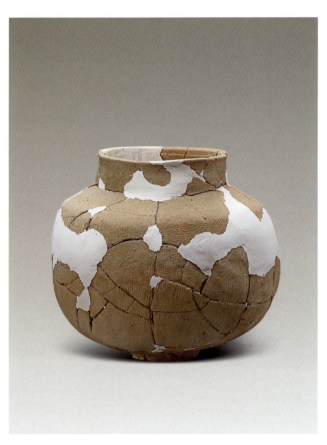

图版一一　陶中领罐（M2∶4）

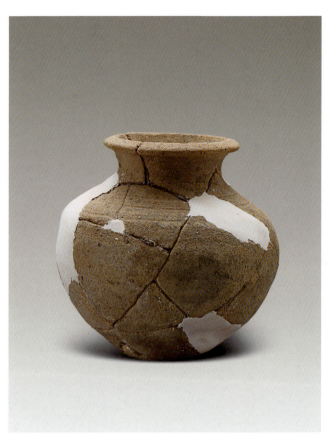

图版一二　陶侈口罐（M2∶8）

图版一三　陶盖（M2∶3）

图版一四　陶盖（M2∶5）

图版一五　Ⅰ式铜鼎（M2∶16）

图版一六　Ⅱ式铜鼎（M2∶25）

图版一七　Ⅰ式铜壶（M2∶53）

图版一八　Ⅰ式铜壶（M2∶17）

图版一九　铜蒜头壶（M2∶24）

图版二〇 铜鍪（M2：10）

图版二一 铜盆（M2：42）

图版二二 铜奁足（M2：15、18、14）

图版二三 铜盖（M2：32）

图版二四 铜环（M2：7）

图版二五 铜环（M2：26）

图版二六　铜扣衔环（M2：28）

图版二七　铜饰件（M2：35、12）

图版二八　铜饰件（M2：33）

图版二九　铜车軎（M2：37）

图版三〇　铜剑（M2：47）

图版三一　铜戈（M2：34）

图版三二　C型铜带钩（M2∶30）

图版三三　银奁（卮）座（M2∶13）

图版三五　M23出土器物局部（西向东）

图版三四　铁削（M2∶50）

图版三六　Cb Ⅱ 式陶鼎（M23∶10）

图版三七　B型陶盒身（M23∶7）

图版三八　陶深腹罐（M23∶13）

图版三九　Ⅰ式陶卷沿罐（M23∶14）

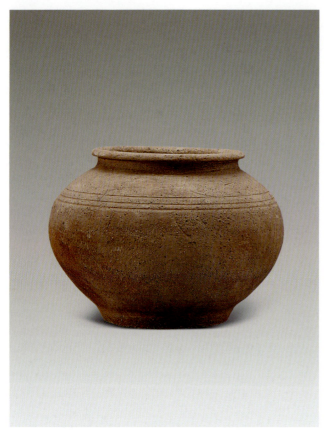

图版四〇　Ⅰ式陶卷沿罐（M23：15）

图版四一　B型陶盆（M23：2）

图版四二　Ⅰ式陶灶（M23：1）

图版四三　AⅠ式陶井（M23：12）

图版四四　铜鐎斗（M23：9）

图版四五　鎏金铜耳杯扣（M23：4）

图版四六　M36清理后（北向南）

图版四七　陶鐎壶（M36∶7）

图版四八　陶鐎壶（M36∶12）

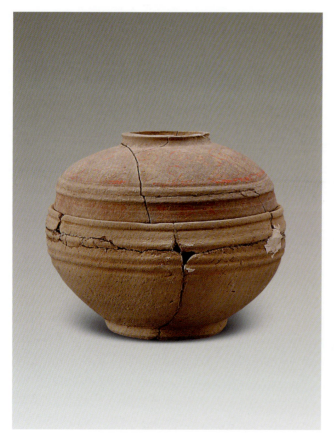

图版四九　AⅡ式陶盒（M36∶8）

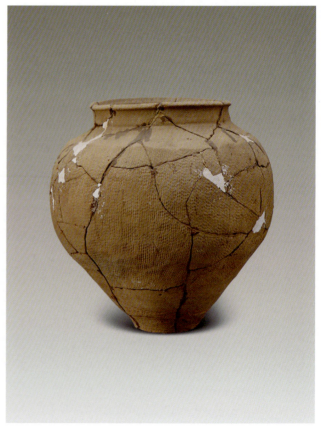

图版五〇　AⅡ式陶瓮（M36∶1）

图版五一　陶高领罐（M36：6）

图版五二　AⅠ式陶罐形釜（M36：3）

图版五三　BⅠ式陶罐形釜（M36：2）

图版五四　BⅠ式陶罐形釜（M36：4）

图版五五　Ca型陶鼎（M42：16）

图版五六　CbI式陶鼎（M42：15）

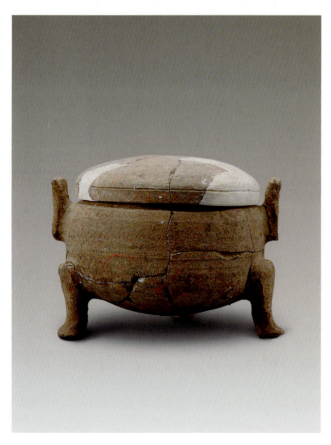

图版五七　CbI式陶鼎（M42：17）

图版五八　CbI式陶鼎（M42：18）

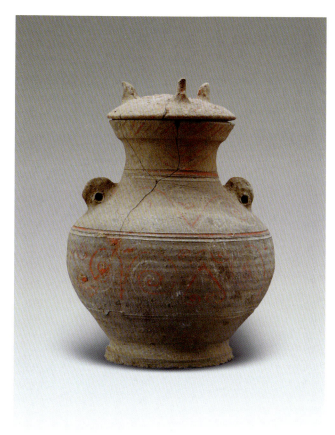

图版五九　Ba型陶壶（M42：13）

图版六〇　AⅠ式陶瓮（M42：14）

图版六一　AⅠ式陶瓮（M42：24）

图版六二　陶矮领罐（M42：21）

图版六三　AI式陶罐形釜（M42：27）

图版六四　BI式陶罐形釜（M42：25）

图版六五　BI式陶罐形釜（M42：26）

图版六六　陶豆（M42：5）

图版六七　I、II式铜鼎（M42：2）

图版六八　I式铜鼎盖（M42：4）

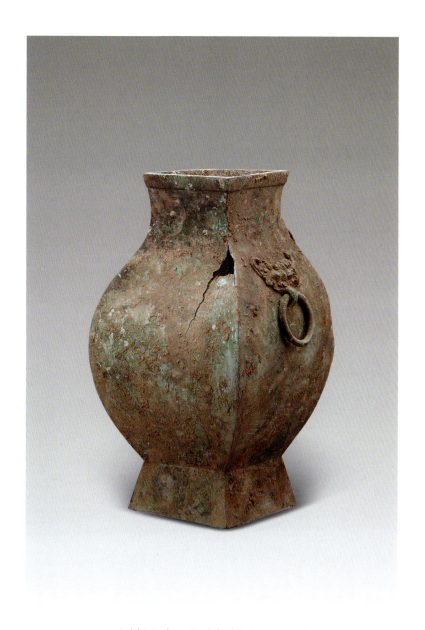

图版六九　I式铜钫（M42：1）

图版七〇　铜釜（M42：3）

图版七一　铜鍪（M42：12）

图版七二　铜盆（M42:9）

图版七三　B型铜带钩（M42:6）

图版七四　B型铜带钩（M42:7）

图版七五　A型铜带钩（M42:8）

图版七六　铁斧（M42：10）

图版七七　B型陶鼎（M43：3）

图版七八　B型陶鼎（M43：4）

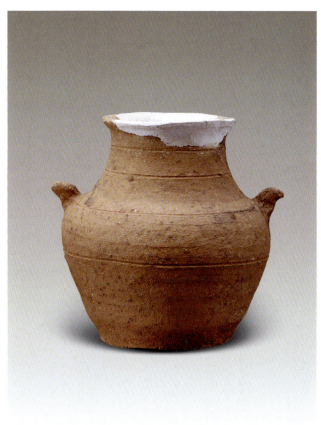

图版七九　Ab型陶壶（M43：5）

图版八〇　B型陶瓮（M43：2）

图版八一　AⅠ式陶罐形釜（M43：7）

图版八二　陶壶盖（M43：6）

图版八三　铜盆（M43：1）

图版八四　M12清理后（北向南）

图版八五　Cb Ⅱ式陶鼎（M12∶14）

图版八六　Cb Ⅱ式陶鼎（M12∶15）

图版八七 AaⅡ式陶高领壶（M12：5）

图版八八 Ⅰ式陶卷沿罐（M12：12）

图版八九 Ⅰ式陶卷沿罐（M12：17）

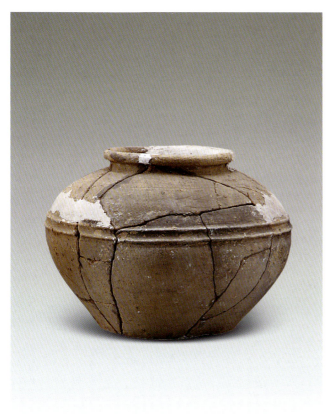

图版九〇　Ⅰ式陶卷沿罐（M12：20）

图版九一　陶鼓腹罐（M12：16）

图版九二　陶小罐（M12：10）

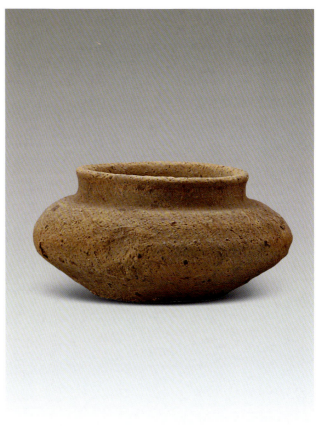

图版九三　陶小罐（M12：11）

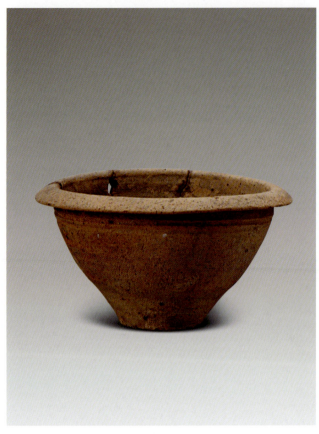

图版九四　陶甑（M12：7）

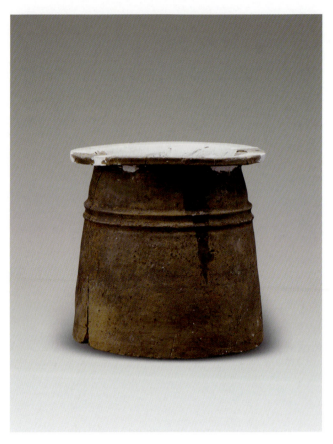

图版九五　AⅡ式陶井（M12：8）

图版九六　石磨盘（M12：1-1）

图版九七　石磨棒（M12：1-2）

图版九八　铜镜（M12：2）

图版一〇〇　鎏金铜饰件（M12：24）

图版九九　B型铜带钩（M12：22）

图版一〇一　鎏金铜泡钉（M12：25-1）

图版一〇二　鎏金铜泡钉（M12：25-2）

图版一〇三　M20清理后（南向北）

图版一〇四　CbⅡ式陶鼎（M20：8）

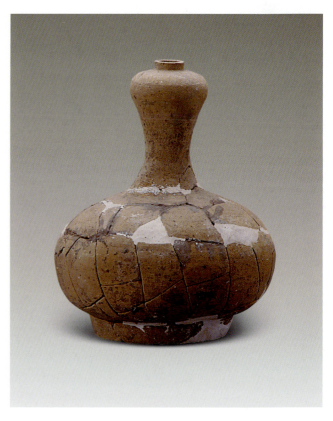

图版一〇五　Ⅲ式陶蒜头壶（M20：6）

图版一〇六　陶小罐（M20：14）

图版一〇七　BⅡ式陶罐形釜（M20：11）

图版一〇八　Ⅱ式陶盆形釜（M20：16）

图版一〇九　CⅠ式陶盆（M20：5）

图版一一〇　Ⅰ式陶灶（M20：9）

图版一一一　B型陶井（M20：13）

图版一一二 铁刀（M20：1）

图版一一三 M22清理中（西向东）

图版一一四 M22清理后（西向东）

图版一一五　CbI式陶鼎（M22：2）　　　　　　　图版一一六　CbI式陶鼎（M22：3）

图版一一七　AaI式陶高领壶（M22：11）

图版一一八　Ⅱ式陶钫（M22:5）

图版一一九　Ⅰ式陶蒜头壶（M22:4）

图版一二〇　陶小罐（M22:7）

图版一二一　陶小罐（M22:9）

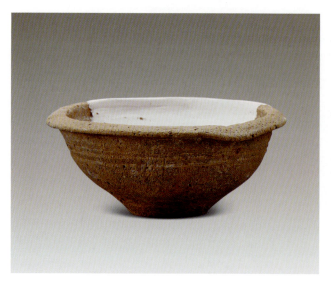

图版一二二　陶甑（M22:8）

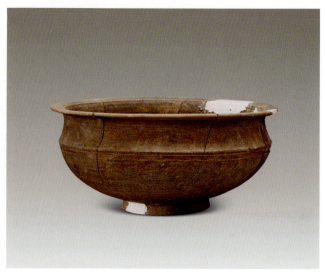

图版一二三　CⅠ式陶盆（M22:1）

图版一二四　陶盖（M22：12）

图版一二五　A I 式陶井（M22：6）

图版一二六　M30清理后（西南向东北）

图版一二七　CbⅢ式陶鼎（M30：6）

图版一二八　陶鼎盖（M30：5）

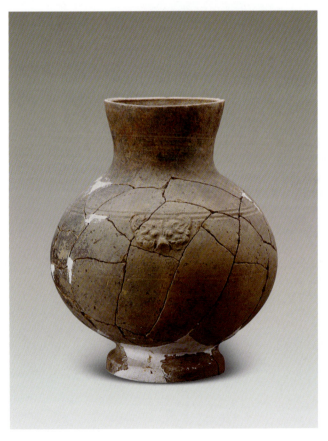

图版一二九　AaⅡ式陶高领壶（M30：19）

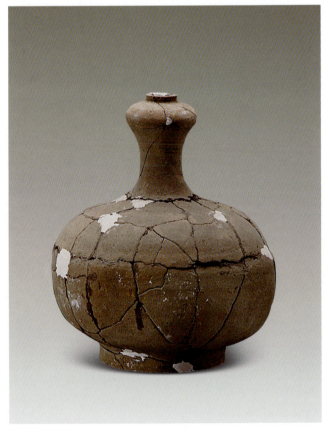

图版一三○　Ⅱ式陶蒜头壶（M30：15）

图版一三一　Ⅱ式陶钫（M30：20）

图版一三二　Ⅰ式陶卷沿罐（M30：1）

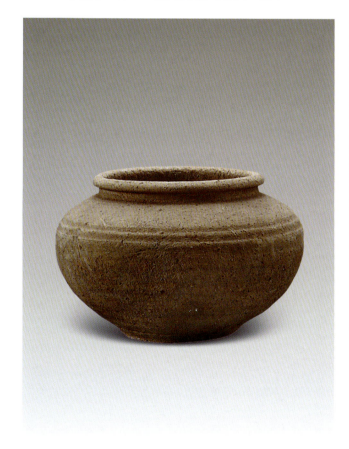

图版一三三　Ⅰ式陶卷沿罐（M30：2）

图版一三四　陶小罐（M30：24）

图版一三五　陶小罐（M30：25）

图版一三六　Ⅱ式陶灶（M30：18）

图版一三七　陶小釜（M30：18-1）

图版一三八　陶小釜（M30：18-2）

图版一三九　Ⅱ式陶井（M30：17）

图版一四〇　铜环?（M30：10）

图版一四一　M40清理后（西南向东北）

图版一四二　CbⅡ式陶鼎（M40:2）

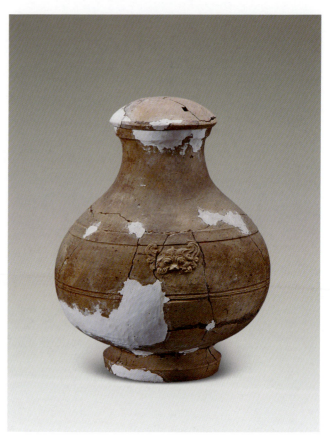

图版一四三　BⅠ式陶高领壶（M40:6）

图版一四四　Ⅰ式陶钫（M40:3）

图版一四五　陶深腹罐（M40:11）

图版一四六　Ⅰ式陶卷沿罐（M40：5）

图版一四七　Ⅰ式陶卷沿罐（M40：10）

图版一四八　BⅡ式陶罐形釜（M40：1）

图版一四九　BⅡ式陶罐形釜（M40：8）

图版一五〇　AⅡ式陶盆（M40：9）

图版一五一　M17清理后（北向南）

图版一五二　Ⅱ式陶钫（M17∶6）

图版一五三　M37清理后（南向北）

图版一五四　AaⅠ式陶鼎（M37：9）

图版一五五　AaⅠ式陶鼎（M37：10）

图版一五六　Aa型陶壶（M37：1+11）

图版一五七　AI式陶盒（M37：7）

图版一五八　陶盒盖（M37：3）

图版一五九　陶盒盖（M37：14）

图版一六〇　陶圜底罐（M37：2）

图版一六一　陶豆（M37：5）

图版一六二　陶豆（M37：12）

图版一六三　陶豆（M37：13）　　　　　　　　图版一六四　陶盖（M37：17）

图版一六五　M38清理后（南向北）

图版一六六　Ca型陶鼎（M38：7）

图版一六七　Ca型陶鼎（M38：13）

图版一六八　Ba型陶壶（M38：4）

图版一六九　Bb型陶壶（M38：10+11）

图版一七〇　AⅡ式陶瓮（M38：9）

图版一七一　AⅠ式陶罐形釜（M38：5）

图版一七二　陶豆（M38：14）

图版一七三　AⅠ式陶盆（M38：1）

图版一七四　B型陶钵（M38：18）

图版一七五　A型铜带钩（M38：17）

图版一七六　A I 式陶瓮（M1：9）

图版一七七　陶矮领罐（M1：6）

图版一七八　II 式铜鼎（M1：5）

图版一七九　II 式铜钫（M1：3）

图版一八〇　铜釜（M1：1）

图版一八一　CbⅡ式陶鼎（M4：17+19）

图版一八二　CbⅡ式陶鼎（M4：18）

图版一八三　BⅡ式陶高领壶（M4：13+14）

图版一八四　Ⅰ式陶钫（M4：35）

图版一八五　Ⅰ式陶卷沿罐（M4：28）

图版一八六　Ⅰ式陶卷沿罐（M4：34）

图版一八七　陶尖底罐（M4：29）

图版一八八　Ⅰ式陶盆形釜（M4：33）

图版一八九　Ⅰ式陶甑（M4：27）

图版一九〇　陶豆（M4：36）

图版一九一　陶豆（M4：30）

图版一九二　铜蒜头壶（M4：2）

图版一九三　铜镦（M4：3）

图版一九四　铜镦（M4：4）

图版一九五 M21清理后（北向南）

图版一九六 CbⅡ式陶鼎（M21：10）

图版一九七 CbⅡ式陶鼎（M21：11）

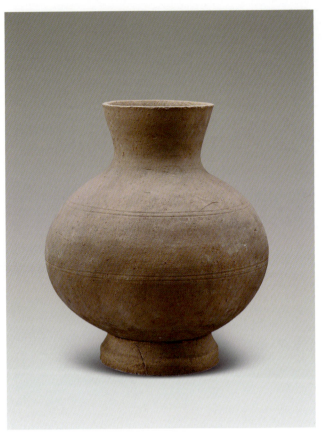

图版一九八　AbⅠ式陶高领壶（M21：2）

图版一九九　Ⅰ式陶钫（M21：4）

图版二〇〇　Ⅰ式陶蒜头壶（M21：3）

图版二〇一　陶小罐（M21：8-1）

图版二〇二　BⅠ式陶井（M21∶7）　　　　　图版二〇三　铜鐎斗（M21∶6）

图版二〇四　M16清理后（南向北）

图版二〇五 CbⅡ式陶鼎（M16：7）

图版二〇六 Ⅱ式陶钫（M16：9）

图版二〇七 CⅠ式陶盆（M16：4）

图版二〇八 Ⅰ式陶灶（M16：2）

图版二〇九 AⅡ式陶井（M16：3）

图版二一〇　M28清理后（南向北）

图版二一一　CbⅡ式陶鼎（M28：7）

图版二一二　AaⅠ式陶高领壶（M28：6）

图版二一三　Ⅰ式陶蒜头壶（M28：8）

图版二一五　Ⅱ式陶卷沿罐（M28：2）

图版二一六　Ⅱ式陶卷沿罐（M28：13）

图版二一四　Ⅱ式陶钫（M28：4）

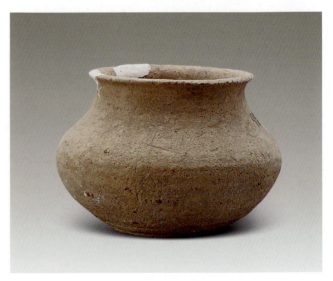

图版二一七　陶鼓腹罐（M28：3）

图版二一八　陶小罐（M28∶11）

图版二一九　CⅡ式陶钵（M28∶14）

图版二二〇　Ⅰ式陶灶（M28∶10）

图版二二一　AⅠ式陶井（M28∶9）

图版二二二　B型陶盒（M6：5）

图版二二三　陶盒盖（M6：4）

图版二二四　CⅡ式陶钵（M6：3）

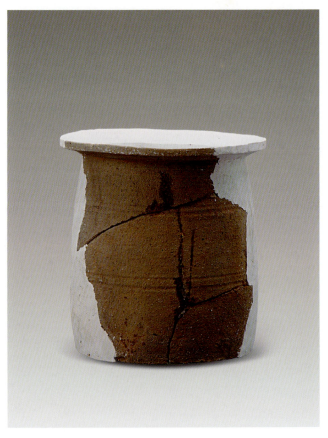

图版二二五　BⅡ式陶井（M6：9）

图版二二六　Cb Ⅱ 式陶鼎（M13：7）

图版二二七　Cb Ⅱ 式陶鼎（M13：8）

图版二二八　陶高领壶盖（M13：4）

图版二二九　陶高领壶盖（M13：5）

图版二三〇　陶钫盖（M13：2）

图版二三一　陶钫盖（M13：3）

图版二三二　陶小罐（M13∶12）

图版二三三　BⅡ式陶罐形釜（M13∶6）

图版二三四　陶鼓腹罐（M14∶6）

图版二三五　Ⅰ式陶卷沿罐（M14∶4）

图版二三六　陶小罐（M14∶1）

图版二三七　陶小罐（M14∶5）

图版二三八　AⅠ式陶井（M14:2）

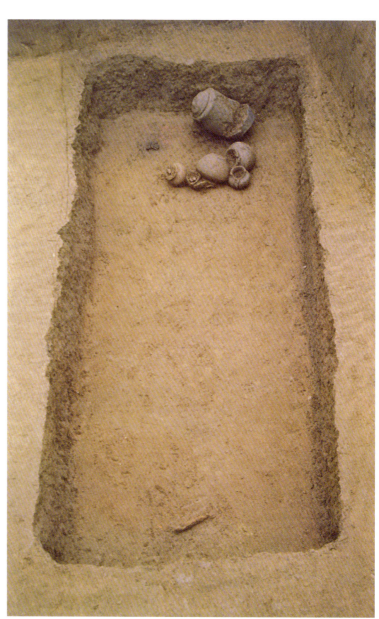

图版二三九　M26清理后（南向北）

图版二四〇　Ⅱ式陶卷沿罐（M26:2）

图版二四一　BⅡ式陶罐形釜（M26:5）

图版二四二　陶仓（M26∶1）

图版二四三　铁匕（M26∶8）

图版二四四　M27清理后（东向西）

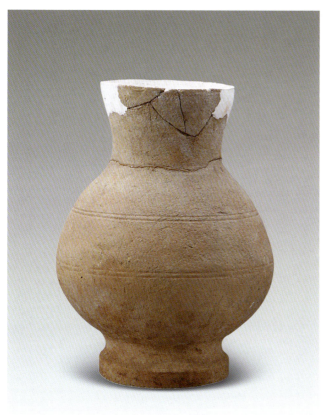

图版二四五　Ab I 式陶高领壶（M27：1）

图版二四七　陶小罐（M27：3）

图版二四六　I 式陶卷沿罐（M27：11）

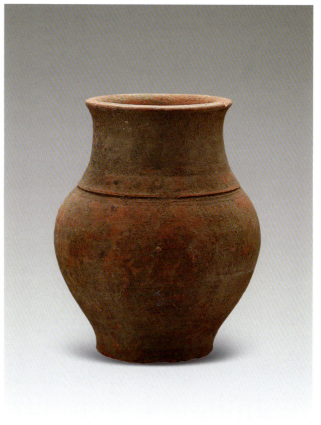

图版二四八　陶小罐（M27：5）

图版二四九　AⅡ式陶罐形釜（M27：8）

图版二五〇　AaⅡ式陶鼎（M48：8）

图版二五一　陶鼎盖（M48：9）

图版二五二　陶长颈罐（M48：10）

图版二五三　陶豆（M48：1）

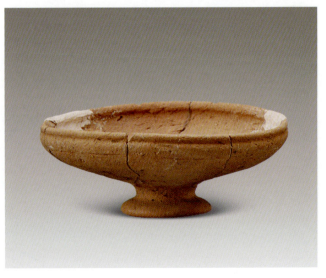

图版二五四　陶豆（M48：2）

图版二五五 陶豆（M48：4）

图版二五六 A型陶钵（M48：7）

图版二五七 C型陶钵（M48：6）

图版二五八 铜提梁卣（M01：01）

图版二五九 铜提梁卣（M01：01）

图版二六〇 铜匕（M01：02）

图版二六一　铜匕（M01：03）

图版二六二　B型铜带钩（M01：04）

图版二六三　铜剑（M01：05）

图版二六四　铜剑（M01：06）

图版二六五　铜剑（M01：07）

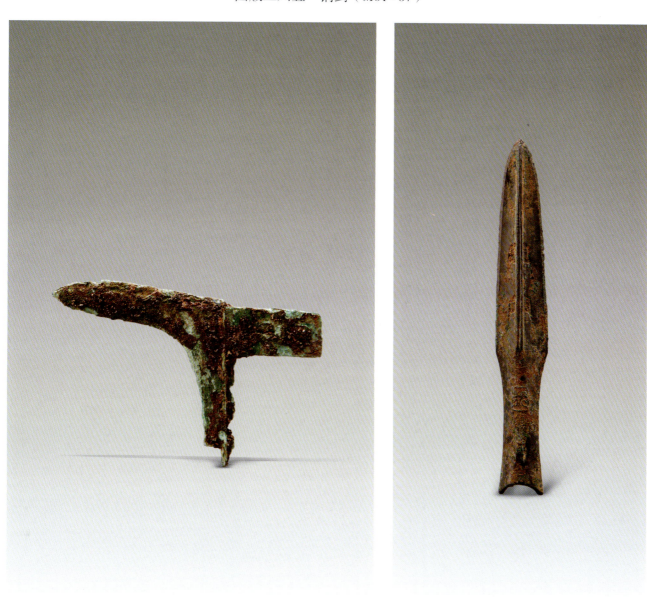

图版二六六　铜戈（M01：08）　　　　　　　图版二六七　铜矛（M01：09）

图版二六八　铜矛（M01：010）

图版二六九　铜矛（M01：011）

图版二七〇　铜印章（M01：012）

图版二七一　铜印章（M01：012）

图版二七二 铜印章（M01：013）

图版二七三 铜印章（M01：013）

图版二七四 铁剑（M01：014）

图版二七五 铁剑（M01：015）

图版二七七　玉璧（M01：017）

图版二七六　铁凿（M01：016）

图版二七八　玉琊（M01：018）

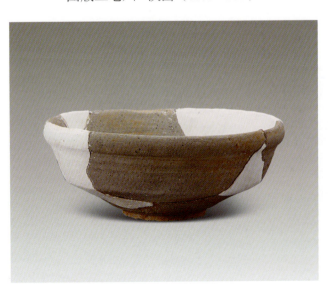

图版二七九　陶钵（M8：3）

图版二八〇　陶钵（M8：3）

图版二八一　M9清理中（东北向西南）

图版二八二　陶罐（M9：18）

图版二八三　陶钵（M9：36）

图版二八四　陶灶（M9：9）

图版二八五　陶房（M9：3）

图版二八六　陶纺轮（M9：14）

图版二八七　陶纺轮（M9：30）

图版二八八　陶执箕俑（M9：32）

图版二九〇　陶腹袋俑（M9：46）

图版二八九　陶执凿俑（M9：1）

图版二九一　陶抚琴俑（M9：6）

图版二九二　陶听琴俑（M9：10）

图版二九三　陶击鼓俑（M9：33）

图版二九四　陶舞俑（M9：35）

图版二九五　陶拢袖俑（M9：43）

图版二九六　陶拢袖俑（M9∶44）

图版二九七　陶狗（M9∶17）

图版二九八　陶猪（M9∶15）

图版二九九　陶鸡（M9∶4）

图版三〇〇　陶鸡（M9：47）

图版三〇一　陶鸽（M9：11）

图版三〇二　陶鸽（M9：12）

图版三〇三　陶鸳鸯（M9：31）

图版三〇四　铜摇钱树片（M9：20+41）

图版三〇五　铁刀（M9：42）

图版三〇六　M19清理后（南向北）

图版三〇七　陶罐（M19：1）

图版三〇八　M34清理后（东北向西南）

图版三〇九　M18清理后（西北向东南俯）

图版三一〇　陶釜（M18：2）

图版三一二　陶罐（M24：1）

图版三一一　M24清理后（西南向东北）

图版三一三　M25清理后（东向西）

图版三一四　陶罐（M25：1）

图版三一五　陶罐（M25：2）

图版三一六　M41清理后（西南向东北）

图版三一七　釉陶罐（M41：1）

图版三一八　釉陶罐（M41：4）

图版三一九 釉陶碗（M41：2）

图版三二〇 釉陶盒（M41：6）

图版三二一 M32墓口暴露（北向南）

图版三二二 M31清理后（东南向西北）

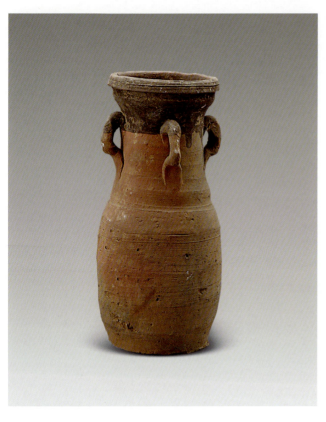

图版三二四　釉陶四系罐（M31:2）

图版三二三　釉陶四系罐（M31:1）　　　　　图版三二五　釉陶碗（M31:6）

图版三二六　M33清理后（西南向东北）